Etapas

Libro del profesor

Etapa 6
Agenda.com

Nivel

B1.1

Edi
numen

© **Editorial Edinumen**, 2010.
© **Autoras:** Anabel de Dios Martín y Sonia Eusebio Hermira.

ISBN: 978-84-9848-214-0
Dep. Legal: M-10387-2010

Coordinación editorial:
Mar Menéndez

Diseño de cubierta:
Carlos Casado

Maquetación:
Carlos Casado, Carlos Yllana, Juanjo López

Ilustraciones:
Carlos Casado y Olga Carmona

Fotografías:
Archivo Edinumen

Impresión:
Gráficas Glodami. Coslada (Madrid)

Editorial Edinumen
José Celestino Mutis, 4.
28028 Madrid
Teléfono: 91 308 51 42
Fax: 91 319 93 09
e-mail: edinumen@edinumen.es
www.edinumen.es

Todo el contenido de este libro lo puede encontrar en formato digital (PDF), de forma gratuita, en:

www.edinumen.es/eleteca

Para ello, regístrese y tendrá acceso, además, a futuras actualizaciones, materiales extras e información relacionada con el manual **Etapas**.

INCLUYE **EXTENSIÓN DIGITAL**
Accede a tus complementos interactivos extras en
www.edinumen.es/eleteca
Código de acceso: 98482140

Introducción a Etapas

Etapas es un curso de español cuya característica principal es su **distribución modular** y **flexible**. Basándose en un enfoque orientado a la acción, las unidades didácticas se organizan en torno a un objetivo o tema que dota de contexto a las tareas que en cada una de ellas se proponen.

Características:

- **14 módulos** de **30 horas** correspondientes a los niveles A1, A2, B1 y B2 según las orientaciones del *Marco común europeo de referencia para las lenguas* (MCER) y su concreción en el nuevo *Plan curricular del Instituto Cervantes. Niveles de referencia* (PCIC).

- Cada módulo presenta la opción de acortarse, si se prescinde de las actividades opcionales que se incluyen, o ampliarse, si se aprovecha el material extra, y ajustarse así a las necesidades particulares de cada grupo.

Se ofrece en los siguientes **itinerarios**:

- Dos itinerarios estándar: **Etapas** y **Etapas Plus**, diseñado cada uno de ellos según una organización de contenidos y estructura específica.

- **Mis Etapas a medida:** los módulos se pueden adaptar a las distintas necesidades y contextos de aprendizaje combinándolos para obtener los manuales más adecuados a cada centro.

Más información: comercial@edinumen.es y www.edinumen.es/misetapasamedida

I. Estructura y organización de contenidos

Los contenidos de **Etapas** se materializan en módulos que siguen una secuencia estructurada, dosificada y adecuada al tiempo recomendado para su aprendizaje y asimilación.

Cada nivel de **Etapas** aporta al docente:

- unos contenidos y actividades fundamentales para trabajar en el aula, estructurados en bloques de 20 horas.

- unos contenidos y actividades con otras 20 horas extras de materiales:

  - **Actividades extras** incorporadas en el **Libro del profesor**.

  - Actividades de la extensión digital en www.edinumen.es/eleteca cuyo código de acceso figura en el **Libro del alumno** correspondiente.

  - Actividades de **Libro de ejercicios**.

El profesor podrá decidir si desea trabajar con ellos a modo de refuerzo y complemento, o bien obviarlos en función del ritmo y necesidades de su grupo.

2. Las unidades didácticas, las tareas y las actividades

Las unidades de cada **Etapas** están organizadas en torno a un tema u objetivo final, que dota de coherencia y contexto a cada una de las actividades que las conforman, pudiendo así ofrecer al alumno espacios que le permitan **aprender español para usarlo**. Se proponen, así, tareas de aula ficticias (aprender **para usar**), pero no se olvida que la clase es una situación real con unos participantes que tienen una finalidad y que, por tanto, justifica la realización de actividades para la práctica y sistematización de contenidos lingüísticos (**aprender** para usar).

En **Etapas** las unidades contemplan, pues, los siguientes tipos de actividades:

- **Tareas**: actividades que permiten a los alumnos utilizar la lengua para conseguir un fin o resultado. En palabras del MCER: "Las tareas de aula de carácter 'pedagógico' se basan en la naturaleza social e interactiva del aula y en su inmediatez. En estas circunstancias, los alumnos acceden a participar en situaciones ficticias…". (**Aprender para la acción**).

- **Actividades de lengua** a través de interacciones orales y escritas, comprensiones auditivas, comprensiones lectoras, expresiones orales y escritas, con las que se pretende que el alumno sea capaz de conseguir las destrezas que el MCER determina para cada nivel en cada una de ellas. (**Aprender para usar**).

- **Actividades de aprendizaje** con las que se presentan y practican contenidos lingüísticos. (**Aprender**).

- **Actividades de reflexión** sobre el aprendizaje. (**Aprender a aprender**).

- **Juegos o actividades lúdicas. (Aprender divirtiéndose**).

3. La metodología

Como hemos podido ver, **Etapas** se basa en un **enfoque orientado a la acción**. Tiene una concepción comunicativa de la lengua y la creencia de que el aprendizaje es constructivo y significativo, y que infiriendo, deduciendo y relacionando formas y significados, usando y haciendo cosas con la lengua es como se aprende. El método o forma de conseguirlo dependerá de los gustos y estilos de aprendizaje de los alumnos: **Etapas** no sigue una metodología rígida y única. En **Etapas, Libro del profesor** se ofrecen alternativas, sugerencias y distintos itinerarios en las actividades, porque creemos que siempre es el profesor quien decide según las necesidades de sus alumnos. El **Libro de ejercicios** será utilizado por el alumno como apoyo a los contenidos de la unidad.

4. Los componentes

Cada nivel de **Etapas** se compone de:

- **Libro del alumno, Libro de ejercicios** en un volumen con **CD** de audiciones.

- En el **Libro del profesor** se incluyen, además de las sugerencias y explicaciones didácticas de las secuencias del **Libro del alumno**, las claves y transcripciones del **Libro del alumno** y del **Libro de ejercicios** y las fichas y material para transparencias que sirven al profesor para complementar y apoyar las explicaciones y actividades del **Libro del alumno**. El libro del profesor se encuentra también en formato electrónico con descarga gratuita en www.edinumen.es/eleteca.

- Los estudiantes pueden consultar las soluciones y transcripciones del **Libro de ejercicios** así como material complementario en la página web de Editorial Edinumen (www.edinumen.es/eleteca), de forma que este puede ser utilizado de forma independiente y autónoma, si los alumnos así lo desean.

Etapa 6: Agenda.com

Inicio.com

En esta Etapa los contenidos de las cinco unidades se estructuran en torno a la visita a una revista digital: Agenda.com. Las diferentes secciones de la revista servirán de razón y contexto para las actividades y las tareas de la Etapa. En la primera unidad se presenta a los estudiantes, como ya hicimos con la exposición de fotos de la Etapa 4, los diferentes apartados de Agenda.com y los temas y los contenidos relacionados con cada uno de ellos.

1 Agenda.com

En este epígrafe se presenta la estructura de cada una de las unidades de la Etapa que coinciden con los temas o enlaces de la agenda digital.

Empiece la unidad con la actividad de conocimiento que se ofrece en la ficha 1, cuya información se necesitará para el primer ejercicio. Haga tantas copias de la ficha como alumnos y entregue una a cada estudiante. Pídales que se levanten para preguntar a sus compañeros y obtener la máxima información de la mayoría de ellos. Adviértales que deben tomar nota por escrito de las respuestas, muéstreles cómo.

 Ficha 1. *¿Quiénes somos?*

1.1. Introduzca la secuencia proyectando la página de inicio de Agenda.com que se ofrece en la transparencia 1. En este momento muestre solamente los dos enlaces principales tapando el resto de la transparencia con un folio y explíqueles que van a entrar en el primero de ellos: *¿Quiénes somos?* porque deben completar ese apartado con la información de la clase. Dígales que Agenda.com les invita a formar parte de la redacción. Pídales que lean la actividad del libro y que completen las frases con los datos que han obtenido de la ficha 1. Invítelos a que se levanten y pregunten a los compañeros si no recuerdan o no están seguros de la respuesta; para ello pueden utilizar los recursos que se les ofrecen en el cuadro de atención.

 Transparencia 1. *Agenda.com*

1.2. Señale en la transparencia 1 el siguiente apartado de la página: *¿Qué es Agenda.com?* Una vez corregida la actividad, explíqueles que en esta unidad vamos a trabajar con las unidades de muestra que nos ofrece Agenda.com.

1. Una revista que se edita en un documento electrónico, en este caso a través de Internet; **2.** Cuatro: Cartelera.com, Alertas.com, Perfiles.com y Actualidad.com; **3.** Bajar gratuitamente una unidad a un ordenador.

2 Perfiles.com

Introduzca el epígrafe diciendo a los alumnos que esta es una muestra de la sección Perfiles.com de la agenda digital en la que, en este caso, se está invitando a los usuarios a que compartan historias de momentos importantes en su vida; con ellas repasaremos los usos del pretérito imperfecto y pretérito indefinido en el relato.

2.1. Las fotos pertenecen a dos historias que conocieron en la unidad 3 de la Etapa 5. Motive la actividad con ellas: si tiene en clase alumnos que realizaron la Etapa 5, pregúnteles si las recuerdan y que cuenten al resto qué historias estaban mostrando las fotos. Si todos los estudiantes son nuevos, pídales que se aventuren, describan la foto e imaginen qué situaciones están mostrando. Los comentarios que los protagonistas hacen de su foto sirven como muestras de lengua para la reflexión lingüística que se inicia en la siguiente actividad y se sistematiza en 2.1.2.

Alejandra: 2; Estíbaliz: 8.

2.1.1. Situación: llovía, era, vivía, había, medía, Era, Era, estaba.
Hechos/Acontecimientos: me casé, Conocí, nació, actué, compré, regaló, escribí, oí.

2.1.2. **1.** imperfecto; **2.** indefinido.

2.2. En esta primera práctica de lenguaje se ofrece a los estudiantes la ayuda de los verbos que deben usarse en pretérito imperfecto (describir la situación) y los que tienen que utilizar en pretérito indefinido (narrar los acontecimientos). Asegúrese de que los alumnos entienden el porqué de la clasificación que se les ofrece; sondee mediante la pregunta: *¿Qué tiempo ha de utilizarse en cada uno de los casos?* Pídales que trabajen en parejas.

1. Era; **2.** estaba; **3.** Teníamos; **4.** oímos; **5.** escuchamos; **6.** eran; **7.** podía; **8.** estaba; **9.** Me puse; **10.** llamé; **11.** celebré.

2.3. En la historia de Alejandra se les ofrecen solamente los verbos. Dígales que se fijen en la historia y, en parejas, identifiquen las descripciones y los acontecimientos para saber el tiempo del pasado que deben usar. Circule por las parejas para comprobar cómo están haciendo la actividad; si observa que la mayoría tiene dificultades para elegir el verbo, ayúdeles escribiendo en la pizarra los infinitivos de cada hueco (2. tener; 3. ponerse; 4. llamar; 5. ir; 6. ser; 7. empezar; 8. ver; 9. tener; 10. ser; 11. enamorarse; 12. encontrarse; 13. presentar; 14. ir; 15. empezar; 16. necesitar; 17. hacer; 18. elegir).

1. le encantaba; **2.** Tenía; **3.** se puso; **4.** llamó; **5.** fuimos; **6.** era; **7.** empezó; **8.** vi; **9.** Tenía; **10.** era; **11.** Me enamoré; **12.** nos encontramos; **13.** presentó; **14.** fuimos; **15.** empezamos; **16.** Necesitaban; **17.** hicieron; **18.** eligió.

2.4. **Actividad opcional.** Distribuya a los estudiantes en parejas y anímelos a que se inventen una de las historias que se apuntan en 2.1. Motive la actividad pidiendo en grupo clase ideas de por qué creen que esos momentos fueron tan importantes en la vida de esas personas.

2.5. Actividad de interacción oral en la que se pide a los estudiantes que participen con sus experiencias. Si lo considera oportuno, ponga usted el primer ejemplo contando un acontecimiento importante en su vida.

3 Cartelera.com
• •

En este epígrafe se introduce vocabulario de premios cinematográficos que necesitarán en la unidad 2 de esta Etapa. Motive la secuencia preguntándoles si les gusta el cine, pidiéndoles títulos de películas que han visto últimamente, nombres de actores/actrices/directores que les gusten, etc.

3.I. Introduzca la actividad con las imágenes y hágala en grupo clase, de manera que los alumnos puedan participar y enriquecer el ejercicio con sus conocimientos. Esta introducción servirá también para aquellos estudiantes que no conocen o saben poco de los premios cinematográficos. En este momento nos interesa solamente asegurarnos de que todos identifican la imagen con su nombre. No les ofrezca usted la solución de la ciudad en la que se celebran los festivales de cine, ya que la tienen en la siguiente actividad. Ante las afirmaciones de los alumnos sobre las ciudades de los premios, cree el ambiente necesario para despertarles el interés por comprobar la solución en la siguiente actividad.

1. Oscar; **2.** Concha; **3.** Palma; **4.** Coral; **5.** Oso; **6.** León.

Actividad extra: competición de cine. Divida a los alumnos en grupos y pídales que elaboren cinco preguntas sobre cine para hacer a los otros grupos (*¿Cuál es la película que el año pasado ganó el Oscar a la mejor película?, ¿Cómo se llaman los protagonistas de...?, ¿Quién es el director de...?,* etc.). Una vez que las hayan elaborado, empieza el concurso: un grupo lee una de sus preguntas y el grupo que antes conteste, tiene un punto, así hasta que alternativamente todos los grupos hayan hecho sus preguntas.

3.I.I. Dígales que para comprobar sus respuestas anteriores y/o encontrar la solución les va a dar unas tarjetas en las que hay pistas que les ayudarán a descubrir los nombres de las ciudades de los festivales. Recorte la ficha 2 y meta las tarjetas en una bolsa. Pida a un alumno que coja una y la lea en alto. Invite al resto de los alumnos a que contesten rápidamente si saben la respuesta; dote a la actividad de competición para darle más dinamismo. Haga lo mismo con el resto de tarjetas.

1. e; **2.** b; **3.** d; **4.** a; **5.** f; **6.** c.

  Ficha 2. *Premios de cine.*

4 Alertas.com

En este epígrafe se repasa vocabulario relacionado con las nuevas tecnologías y con el que se proponen actividades para el trabajo de las destrezas comunicativas.
Puede unir el anterior apartado con este preguntándoles si creen que el uso de las nuevas tecnologías ha hecho que cada vez menos personas vayan al cine. Introduzca la primera actividad con la pregunta que se les formula en el libro: *¿Cómo crees que ha influido la tecnología en el estilo de vida?*

4.I. Provoque una pequeña interacción oral en grupo clase a partir de la pregunta para pasar seguidamente a plantearles la actividad: comprobar qué tipo de tecnología usan ellos y de qué manera les influye en su vida. Divida la clase en dos grupos. Un representante de cada equipo debe ir tomando nota de las respuestas de sus miembros para posteriormente poder hacer la estadística.

4.I.I. Pídales que pongan en común los datos que han ido recogiendo en los grupos, invite a un estudiante a que salga a la pizarra para ir escribiendo las frases que entre todos decidan y que reflejen la realidad de la clase. Explíqueles que en sus conclusiones deben utilizar los exponentes que tienen en el cuadro del libro. Una vez que las frases de la pizarra estén corregidas y consensuadas por todos, pueden escribirlas en un cartel para colgarlo en la clase.

4.1.2. Las actividades anteriores les han ido preparando y ofreciendo ideas para poder realizar más cómodamente esta interacción oral.

5 Actualidad.com

● ●

En este epígrafe se presenta vocabulario relacionado con los medios de comunicación, que necesitarán en la unidad 4 de esta Etapa.

5.1. La actividad sirve para introducir el tema de los medios de comunicación. Motive con la palabra *chiste*, explíqueles qué es y anímelos a que cuenten alguno.

1. Internet; **2.** radio; **3.** periódicos; **4.** televisión.

5.2. Las palabras con las que deben completar los espacios en blanco del esquema están en la ficha 3. Divida a la clase en grupos de cuatro, recorte las tarjetas de la ficha y péguelas en la pizarra, explique a los alumnos que para completar el cuadro del libro deben ordenar las letras de cada palabra. Dígales que los números de las palabras y el espacio en blanco del esquema del libro se corresponden.

 Ficha 3. *Medios de comunicación.*

1. prensa; **2.** lector; **3.** suplemento; **4.** portada; **5.** titular; **6.** suscripción; **7.** editorial; **8.** locutor; **9.** oyente; **10.** emisora; **11.** usuario; **12.** registrarse; **13.** cadena; **14.** mando a distancia; **15.** zapear; **16.** telespectador; **17.** anuncio; **18.** presentador.

5.3. **Actividad opcional.** En la ficha 4 se ofrecen mezclados cuatro textos. Cada uno de ellos se refiere a uno de los cuatro medios de comunicación con los que estamos trabajando (Internet, prensa, radio, televisión). Recorte la ficha y dé a cada alumno una tarjeta (si tiene más estudiantes que tarjetas, póngalos en parejas). Pida que se levanten y se pongan en círculo en el centro de la clase. Dígales que, primero, lean su tarjeta en alto para posteriormente distribuirse por grupos según el medio de comunicación al que se refiera su texto. Leerán las tarjetas en alto tantas veces como necesiten hasta que hayan podido organizarse en equipos. Una vez que la división sea correcta, explíqueles que deben ordenar los párrafos. La actividad se corrige con la comprensión auditiva siguiente, por esta razón debe mantener a los estudiantes en sus grupos.

 Ficha 4. *Medios de comunicación en España.*

Internet: e, j, b; radio: k, d, a; prensa: g, i, l, n; televisión: c, f, m, h, ñ.

5.3.1. Ponga la audición dos veces, si lo considera necesario.

Actividad extra: inicie una interacción oral con sus alumnos preguntándoles sobre los diferentes medios de comunicación en España y sus países: qué periódicos conocen de España, si escuchan la radio, qué cadenas, si ven la televisión, qué programas, etc.

5.3.2. Termine la unidad con esta interacción oral.

En esta unidad se trabaja con un tema que en principio puede ser motivador para la mayoría de nuestros alumnos, el cine. Tema que forma parte de la revista digital Agenda.com y que sirve de contexto para introducir diferentes contenidos.

Noticias de cine

Este epígrafe sirve para introducir el tema.

1.1. Comience la actividad recordando los contenidos culturales sobre premios de cine que se presentaron en la unidad 1 de esta Etapa. Comente las preguntas que aparecen en el libro con sus alumnos. La imagen corresponde al Coral del Festival de Cine de La Habana. Se contextualiza así el siguiente apartado. Dígales que van a leer una noticia relacionada con este festival.

1.1.1. Tarea de comprensión lectora. Continúe activando los conocimientos previos de los estudiantes preguntándoles si conocen películas en español (de España o Hispanoamérica) y qué saben de ellas. El texto trata de dos películas: *El laberinto del fauno* y *Volver.* Esta última de uno de los directores españoles con más proyección internacional, Pedro Almodóvar. Pídales que lean la noticia para completar la ficha relacionada. Anímelos a realizar la tarea con un compañero. Hágales notar que con esta ficha están extrayendo la información más relevante de la noticia, así podrá hacer el tránsito a la siguiente actividad de una manera fluida.

1. Festival de Nuevo Cine Latinoamericano; **2.** 28.ª; **3.** Alfredo Guevara; **4.** Coral; **5.** *El laberinto del fauno*; **6.** *Volver*; **7.** José Wilker, Ralph Finnes y Stephen Frears; **8.** 463.

> *El laberinto del fauno* es una producción hispano-mexicana de 2006. La dirección corre a cargo del mexicano Guillermo del Toro y el reparto cuenta con actores españoles de la talla de Maribel Verdú, Álex Angulo o Ariadna Gil. Es la película rodada en castellano más taquillera de la historia. Es una película fantástica ambientada en la Guerra Civil Española.
>
> *Volver* (2006) es una película del español Pedro Almodóvar. La protagonista es Penélope Cruz. Está ambientada en un pueblo manchego y habla de la historia de tres generaciones de mujeres de la misma familia. Refleja las creencias supersticiosas de las zonas rurales de La Mancha.

1.1.2. Para motivar, informe a los alumnos de que la revista digital Agenda.com ha convocado un concurso para elaborar el texto de una noticia. Invítelos a participar redactando la noticia con los datos que se aportan. En la actividad anterior han tenido un modelo a la inversa, hemos partido de una comprensión lectora para completar una ficha y ahora, siguiendo esta muestra con la misma tarea, pedimos una actividad de producción. Divida la clase en parejas para el trabajo de expresión y, cuando tengan elaborados los textos, realice una votación para elegir la noticia ganadora.

2 Curiosidades de película

Este apartado se dedica a aquellas anécdotas y curiosidades que nos ha dejado la historia del cine. Recordándolas proponemos actividades que permiten practicar de nuevo el contraste de los tiempos del pasado y se presenta en este contexto de comunicación el pretérito pluscuamperfecto.

2.1. Sitúe a los alumnos en Cartelera.com y explíqueles que hay un apartado dedicado a anécdotas que han ocurrido en el cine. Pregúnteles si ellos conocen una historia interesante, fuera de lo normal, relacionada con el mundo del cine. Si la respuesta es afirmativa, deje que simplemente hagan mención de ella y dígales que luego tendrán ocasión de contarla con más detalle. Muestre las imágenes de la transparencia 2 y pídales que las relacionen con los textos que aparecen en su libro y que narran algunas de esas curiosidades del cine. Para esta tarea solo necesitan una lectura rápida, en vertical, solo tienen que entender el sentido global de los textos para identificar de qué tratan. Ahora no tienen que preocuparse de los paréntesis, los utilizarán en la siguiente actividad que pide una lectura más detallada.

Transparencia 2. *Curiosidades de película.*

1. E; **2.** B; **3.** A; **4.** D; **5.** C.

2.1.1. Divida la clase en parejas y entrégueles un juego de las tarjetas de la ficha 5 a cada una. Explique que en las anécdotas que acaban de leer se utiliza solo el pretérito indefinido y que en las fichas tienen frases que describen la situación en que ocurrieron esas historias. Pídales que inserten cada tarjeta en uno de los espacios de 2.1. escribiendo la letra que la identifica entre los paréntesis. Además, esta actividad expone a los alumnos a muestras de lengua donde se utilizan conectores del discurso sobre los que se reflexionará a continuación. Preenseñe: *rodaje*, *dentadura* y *salvarse*.

Ficha 5. *Descripción de situaciones.*

1. C, H; **2.** B; **3.** G, E; **4.** A; **5.** F, D.

2.1.2. Llame la atención de sus estudiantes sobre las expresiones resaltadas en negrita en los textos de 2.1. Pídales que las observen y que completen el cuadro para sistematizar este contenido. Adviértales que en la tarjeta C de la ficha 5 aparece uno de esos conectores (*mientras*).

1. Luego; **2.** Después; **3.** Entonces; **4.** De repente; **5.** Al final; **6.** Mientras.

2.2. Se introduce el pretérito pluscuamperfecto ofreciendo muestras de lengua consistentes en frases relacionadas con las anécdotas de 2.1. Actividad de selección múltiple que invita al alumno a reflexionar sobre el orden cronológico en que ocurren las dos acciones de cada frase.

1. b; **2.** a; **3.** a; **4.** b; **5.** a.

2.2.1. Reflexión y sistematización de la forma y uso del pretérito pluscuamperfecto. Invite a los alumnos a completar el cuadro. Pídales que recuerden otros participios irregulares y que vayan anotándolos en el recuadro correspondiente.

habías, había, habíamos, habíais, habían; llevado; bebido; mentido; visto.

Actividad extra: en la ficha 6 se ofrece una actividad para practicar el pretérito pluscuamperfecto. Es una tarea de busca tu pareja. Recorte las tarjetas y repártalas entre los alumnos. Las de color azul tienen una parte de las frases y las de color naranja tienen la otra. Deben levantarse para formar parejas compuestas por una ficha de cada color. Cuando se hayan unido, pídales que piensen qué acción es anterior y que hagan la frase transformando los verbos y utilizando conectores que le den sentido a la oración (por ejemplo: *cuando, porque…*).

Ficha 6. *El pretérito pluscuamperfecto.*

1. C: Lauren Bacall nació cuando Humphrey Bogart ya había empezado a trabajar como actor; **2.** A: Cuando Antonio Banderas llegó a Hollywood, ya había rodado más de 20 películas en España; **3.** F: En 1997 Penélope Cruz trabajó por primera vez con Almodóvar y se puso muy contenta porque había soñado siempre con trabajar con este director; **4.** B: Javier Bardem rodó *Vicky Cristina Barcelona* con Penélope Cruz, pero ya habían trabajado juntos 15 años antes; **5.** E: Cuando Charlize Theron ganó tantos premios (Oscar, Globo de oro…) ya había protagonizado la película *Monster*, con una interpretación excelente y cambio de aspecto físico; **6.** D: Cuando Clint Eastwood eligió a Hilary Swank para protagonizar *Million Dollar Baby*, esta había pensado en retirarse por la falta de ofertas de trabajo.

2.3., 2.3.1. y 2.3.2. Tarea con una secuencia de integración de diferentes actividades comunicativas de la lengua. Comience despertando el interés de sus alumnos y activando sus conocimientos; para ello proyecte la transparencia 3 y pregúnteles qué saben sobre la película *Los pájaros* de Alfred Hitchcock. Si conocen alguna curiosidad relacionada con este film, puede utilizarla para dar paso a la audición. Esta comprensión auditiva es una actividad de *dictogloss*. Dígales a los estudiantes que van a escuchar una curiosidad relacionada con esa película y que es un dictado, pero que no podrán copiar todo al pie de la letra, ya que la velocidad de lectura es normal, por lo tanto anímelos a tomar notas de lo más importante para después poder reconstruir el texto. Ponga la audición una segunda vez para ampliar información. Pídales que comparen en parejas después de cada escucha. Finalmente, realice la tarea de expresión escrita diciéndoles que traten de escribir el texto que han escuchado haciendo uso de sus notas y sus conocimientos previos. Puede concluir la actividad comparando los textos resultantes para ver cuál se acerca más al original.

> Un *dictogloss* es una actividad en la que se lee dos veces un texto a velocidad normal y los alumnos toman notas para después, en parejas, tratar de reconstruir el contenido y la forma original del texto.

Transparencia 3. *Los pájaros.*

2.4. y **2.4.1.** Actividad de producción libre de los contenidos trabajados en este epígrafe. Contextualice diciéndoles que en Cartelera.com hay un foro en el que los usuarios escriben anécdotas relacionadas con el mundo del cine. Invítelos a participar recordando, en parejas, alguna historia que conozcan. Deles unos minutos de preparación y mientras tanto circule por la clase para ayudarlos con el vocabulario necesario. Haga una puesta en común en la que cada pareja cuente su curiosidad. De manera opcional, pídales que elaboren un texto con esta historia. Puede utilizar la ficha 7 en la que se ofrece una plantilla de foro y completarla con sus alumnos para simular un hilo de discusión y pegarla en el tablón del aula. Si dispone de los medios necesarios, puede llevar esta actividad a Internet creando con sus estudiantes un blog o wiki.

 Ficha 7. *Foro de curiosidades.*

3 ¿Vamos al cine?

En este epígrafe se introduce el léxico básico referido a la actividad de ir al cine y el vocabulario y exponentes lingüísticos necesarios para hablar de una película.

3.1. Actividad que sirve para sondear el conocimiento léxico, relacionado con el tema, de los alumnos. Para comenzar, pregúnteles *¿Qué hay en un cine?* Puede recoger en la pizarra las palabras que le vayan diciendo a modo de lluvia de ideas.

3.1.1. El objetivo de esta tarea es doble. Por una parte, persigue la presentación del léxico y por otra, facilita a los estudiantes el desarrollo de estrategias de compensación. En primer lugar, pídales que identifiquen los conceptos marcados con 🎬 a través del contexto. Si conocen alguna de estas palabras en español, pueden escribirlas en los espacios, pero no es necesario que las sepan todas. Tranquilícelos diciendo que van a aprenderlas enseguida.

1. día del espectador; **2.** taquilla; **3.** entrada; **4.** butaca; **5.** fila; **6.** pantalla; **7.** palomitas.

3.1.2. Para continuar trabajando con los conceptos y desarrollando sus estrategias, se ofrecen las definiciones o descripciones de las palabras ocultas. Piense que son modelos que ellos pueden utilizar si no saben cómo se dice algo en español. Agrupe la clase en parejas y pídales que relacionen cada ítem con una de las palabras sustituidas por 🎬 escribiendo el número correspondiente a su lado.

A. 6; **B.** 2; **C.** 4; **D.** 5; **E.** 7; **F.** 3; **G.** 1.

3.1.3. Recorte las tarjetas de la ficha 8, que tienen los dibujos y nombres de los objetos, y repártalas entre los alumnos. Pídales que escriban, si todavía no lo tienen, o comprueben, si ya lo han escrito antes, el nombre de su objeto en los espacios con número de 3.1.1. A continuación, dígales que se levanten para buscar o comprobar el léxico de los objetos que no tienen. Muéstreles un ejemplo del tipo *¿Sabes cómo se llama el rectángulo de color blanco que está sobre la pared del cine para ver las imágenes?*

 Ficha 8. *¿Que hay en el cine?*

3.2. y **3.2.1.** Con el fin de motivar la actividad, realice a los alumnos las preguntas de 3.2. que aparecen en el libro. Invítelos a participar de manera oral en el grupo clase. Para introducir el léxico relativo a los géneros del cine proyecte la transparencia 4 que contiene carteles de películas representativas de cada uno de los géneros. Compruebe que las conocen. Reparta las tarjetas de la ficha 9 con el léxico de géneros y pídales que se levanten para relacionarlas con los carteles correspondientes.

Transparencia 4. *Géneros de películas.*

Ficha 9. *Géneros de películas.*

1. de ciencia ficción; **2.** de terror; **3.** del oeste; **4.** una comedia/cómica; **5.** un documental; **6.** de aventuras; **7.** policiaca; **8.** un drama/dramática; **9.** un musical; **10.** de suspense; **11.** de animación.

3.3. Empieza aquí una secuencia de actividades encaminada a la presentación de los exponentes necesarios para hablar de una película. El primer paso es una tarea de comprensión auditiva. Contextualice la conversación explicando que van a oír a dos amigas que quieren ir al cine. Lorena es experta en cine y sabe mucho sobre el tema. Araceli no sabe mucho de cine y como va poco, le gusta elegir bien y que le aconsejen. Muestre la transparencia 5, dígales que es una ventana de la web Cartelera.com, pero que con la película *La caja Kovak* se han hecho un poco de lío y que vamos a ayudarlos a elaborar la ficha correcta para la cartelera. Cada una de las fichas que aparecen en la transparencia tiene un dato correcto (en el caso de la ficha 2 son dos informaciones verdaderas). Póngales la grabación para averiguar qué dato es correcto en cada ficha. Indíqueles que deben escribir en su libro, al lado de cada apartado, el número de la ficha que tiene esa información verdadera. Ahora no deben escribir nada más.

Transparencia 5. *La caja Kovak.*

a. 2; **b.** 6; **c.** 1; **d.** 2; **e.** 4; **f.** 5; **g.** 3.

3.3.1. Después de corregir la actividad anterior, pídales que, mirando la transparencia 5, completen la ficha con toda la información verdadera para colgarla en Cartelera.com.

a. ✷✷✷ ; **b.** Daniel Monzón; **c.** Timothy Hutton, Lucía Jiménez; **d.** Suspense; **e.** Un escritor viaja a una isla para dar una conferencia. De pronto, se ve mezclado en una oscura historia inspirada en uno de sus libros; **f.** Renoir, sala 3 (V.O. subtitulada); **g.** 18.00, 20.15.

3.3.2. Vuelva a poner la audición de 3.3. para realizar esta segunda tarea. Se trabaja ahora con muestras de lengua orales para que los alumnos centren su atención en los exponentes que utilizan las dos amigas en la conversación. Es una escucha selectiva para escribir las preguntas relacionadas con las respuestas que se ofrecen.

1. ¿Qué crítica tiene?; **2.** ¿De quién es?; **3.** ¿Quién sale?; **4.** ¿De qué género es?; **5.** ¿De qué va?; **6.** ¿Dónde la ponen?; **7.** ¿Está en versión original?; **8.** ¿A qué hora la echan?

3.4. Sistematización de los contenidos presentados en este epígrafe. Pídales que observen las actividades de las secuencias de 3.2. y 3.3. para completar el cuadro. Comente a sus alumnos que cuando explicamos la historia de una película (sinopsis) suele hacerse en presente, señáleles la llamada de atención que aparece en su libro.

1. ponen; **2.** va; **3.** de suspense; **4.** de animación; **5.** cómica; **6.** un documental.

3.5. Divida la clase en parejas y reparta una fotocopia de la ficha 10 con una cartelera de cine. Anime a sus alumnos a que, evocando el modelo de la audición, simulen una conversación con el fin de hacer planes para ir al cine. Deben hablar sobre la dirección, el género, el tema, los intérpretes, etc. Pasee por la clase tomando nota de sus errores o cosas que quiera aclarar al final de la actividad. Para cerrar esta tarea pregunte a cada pareja si han llegado a un acuerdo y qué película han decidido ver.

 Ficha 10. *¿Qué película ponen?*

3.6. **Actividad opcional.** Actividad que le recomendamos hacer si ve que sus estudiantes están motivados y tienen interés por contar experiencias personales.

4 Esta película me gusta

Apartado destinado a la presentación y práctica de las expresiones que se utilizan para valorar y expresar la opinión sobre una película. El marco temático son los clásicos del cine.

4.1. Empezamos el epígrafe de una manera lúdica, así se puede relajar el ambiente después del esfuerzo que han realizado los alumnos anteriormente. Se propone el conocido juego de las películas. Recorte las tarjetas de la ficha 11 con títulos de películas. Divida la clase en dos grupos. Un miembro de un grupo sale para hacer mímica de la tarjeta que usted le muestre. El grupo que antes lo adivine tiene un punto. Van saliendo simultáneamente miembros de grupos diferentes.

 Ficha 11. *El juego de las películas.*

4.2. y 4.2.1. Se presentan las cinco películas clásicas con las que se va a trabajar. Pídales que hagan una lectura general de las sinopsis para adivinar de qué películas se trata y así podrán activar sus conocimientos. Preenseñe: *acusar, masacre, escapar, atropellar, bandidos* y *lucha*. Con bastante probabilidad no conocerán los títulos de algunas de estas películas en español. Proyecte entonces la transparencia 6 con sus carteles promocionales y dígales que escriban los títulos en los espacios de 4.2. Aproveche para preguntar si conocen esas películas y si las han visto alguna vez. En caso afirmativo interésese por su opinión, así puede introducir el tema de las valoraciones.

> En la película 2 se menciona la *Masacre de San Valentín*. El 14 de febrero de 1929 en Chicago (EE. UU.) los miembros de un grupo de mafiosos fueron asesinados por los miembros de otro grupo dirigido por Al Capone.

1. *Doctor Zhivago*; **2.** *Con faldas y a lo loco*; **3.** *Muerte de un ciclista*; **4.** *Los siete samuráis*; **5.** *El gran dictador*.

 Transparencia 6. *Clásicos de cine.*

4.2.2. Divida la clase en parejas y llame la atención de los alumnos sobre las palabras y expresiones que se ofrecen en el libro. Infórmelos de que se utilizan para opinar sobre una película. Haciendo uso de sus conocimientos y de sus estrategias (p.ej. comparación con otras lenguas), pídales que las clasifiquen en tres grupos según su significado: positivo, neutro o negativo.

positivo: una gran película, genial, emocionante, obra maestra, buena, divertida, bonita, excelente, entretenida; neutro: triste, irónica, realista, larga; negativo: aburrida, lenta, un rollo, mala.

4.2.3. y 4.2.4. Tarea de comprensión auditiva que ofrece muestras de lengua con los exponentes utilizados para valorar. Contextualice la grabación diciendo que en Cartelera.com se puede escuchar el programa de radio *Clásicos del cine* en el que quieren hacer un *ranking* con las mejores películas de la historia del cine. Dígales que los oyentes han dejado sus opiniones en el contestador del programa. Pídales que escuchen para marcar las opiniones de los oyentes sobre cada uno de los clásicos. Si puede corregir la actividad después de la primera escucha, hágalo. Si no, en la segunda escucha, dígales que completen el diagrama y explíqueles la segunda tarea: comprobar si la clasificación que han hecho en 4.2.2. es correcta o no. En la puesta en común compruebe si entienden bien los significados de todas las palabras. En caso negativo, ponga ejemplos para clarificar los conceptos.

1. divertida, buena, excelente, entretenida; **2.** aburrida, lenta, bonita, emocionante, realista; **3.** triste, emocionante; **4.** larga, aburrida, mala; **5.** una gran película, genial, una obra maestra, divertida, irónica.

4.3. Sistematización de contenidos. Anímelos a que, a través de la observación, completen los cuadros de reflexión que se ofrecen. Guíelos para reflexionar sobre las cuestiones que se reflejan en la llamada de atención.

1. y **2.** ser, parecer; **3.** Es; **4.** Me parece; **5.** realmente; **6.** muy; **7.** te; **8.** nos; **9.** les; **10.** parece; **11.** parecen.

4.4. Para fijar los contenidos presentados en la secuencia de 4.2. pídales que elijan cinco clásicos de los que se han mencionado en este epígrafe (recuérdeles también las películas del juego de mímica) y que escriban su opinión sobre ellos utilizando los exponentes presentados.

4.5. y 4.5.1. Como actividad final de la unidad se propone un concurso donde los alumnos puedan usar tanto sus conocimientos sobre el cine como los contenidos aprendidos a lo largo de esta unidad. Informe a sus estudiantes de que Cartelera.com les invita a que sean ellos mismos quienes diseñen las pruebas de la competición. Divida la clase en dos o tres grupos (dependiendo del número de alumnos que tenga), lleve papeles recortados y deles a cada grupo 8 ó 10 para que escriban en cada uno sus preguntas. Advierta que deben conocer las respuestas. Circule por la clase para ayudarlos, corrigiendo y aportando ideas. Cuando terminen, recójalos. Asigne cada prueba a un grupo que no la haya elaborado. Coloque cada taco de preguntas en un lugar de la clase y pida que un miembro de cada grupo se levante para coger la primera pregunta. Cuando terminen, se levantan a por la siguiente y así sucesivamente. Al final se hace una puesta en común para computar los puntos: dos puntos para el grupo que primero termine y uno por cada respuesta correcta.

Temas que pueden servir de ideas para elaborar las preguntas:

- Noticias relacionadas con el cine.
- Preguntas sobre léxico aprendido en la unidad.
- Valoración de películas.
- Completar la ficha técnica de una película.
- Preguntas sobre los exponentes utilizados para hablar de películas.
- Curiosidades del cine.
- Biografías de actores y directores.

Unidad 3

Perfiles.com

Recuerde que la sección Perfiles.com de la agenda digital está dedicada a las historias, experiencias e intercambio de comportamientos culturales y sociales de los usuarios. En este contexto se presentan y trabajan los contenidos funcionales y lingüísticos de la unidad.

1 Anécdotas históricas

En este epígrafe se continúa trabajando el contraste de pasados, iniciado en la primera unidad. Presente el apartado relacionándolo con la unidad anterior en la que se contaron anécdotas del mundo del cine. Dígales que, en este caso, pertenecen a personajes de la Historia.

1.1. Actividad de precalentamiento para motivar el tema. Advierta a los estudiantes que las preguntas solo pueden ser de respuesta sí o no. Realice la actividad en grupo clase o en grupos cerrados. Un estudiante piensa en un personaje de la historia universal y el resto debe descubrirlo haciendo preguntas sobre su nacionalidad, su físico, su profesión, si está vivo o muerto, etc. Haga usted un primer ejemplo.

1.2. La secuencia presenta la primera anécdota. Verá que es una historia que trata sobre Winston Churchill (Primer Ministro del Reino Unido de 1940 a 1945 y de 1951 a 1955) y Alexander Fleming (científico escocés descubridor de la penicilina) y que circuló durante algún tiempo por Internet, por lo que no sabemos el grado de veracidad de la misma; sin embargo, lo sorprendente de la historia puede resultar interesante y motivador en la clase. Introduzca la actividad preguntando a los alumnos si creen que las historias que aparecen en Internet sobre personajes famosos, históricos, etc., son ciertas o no. Cierre esa pequeña interacción diciéndoles que van a leer una muy curiosa. Haga esta primera actividad para asegurarse de que conocen el vocabulario que va a aparecer en la anécdota. Pídales que la resuelvan en parejas y corríjala antes de pasar a la siguiente.

1. b; **2.** c; **3.** d; **4.** a.

1.2.1. Para crear más interés y ofrecer una dinámica de lectura más activa, el final de la historia se ofrece en la siguiente actividad.

1. trabajaba; **2.** escuchó; **3.** corrió; **4.** había; **5.** salvó; **6.** llegó; **7.** bajó; **8.** había salvado.

1.2.2. y 1.2.3. El final de la historia se ofrece desordenado en la ficha 12. Divida a la clase en grupos, haga fotocopias de la ficha, recorte las tarjetas y entregue un juego a cada equipo. Pídales que, para conocer el final de la historia, la ordenen. En la corrección de la actividad, pregunte a los estudiantes si creen que es verdad y si la habían leído en Internet. Anímelos a que cuenten otras historias que ellos hayan oído o leído.

 Ficha 12. *¡Qué coincidencia!*

a, j, k, b, e, i, f, c, h, d, g.

1.3. **Actividad opcional.** En la ficha 13 se ofrece otro texto para completar los huecos en el pasado correcto. Contextualícelo diciendo a los alumnos que en Internet también se pueden encontrar historias muy interesantes sobre misterios. Motive la historia con el título, anímelos a que especulen sobre la posible maldición. Preenseñe *maldición*.

 Ficha 13. *La maldición de la 311.*

1. se creyó, entraban, descubrían, había muerto, ocupaban, habían pasado, estaban. **3.** pensó/pensaba, empezaron, pidieron, organizó, vigilaba, se disipó, desconectaba.

1.4. y **1.4.1.** Escriba la pizarra: *Efecto 2000* y pregúnteles si saben a qué se refiere y si conocen anécdotas o historias relacionadas con ello. Estas actividades y la siguiente sirven de introducción y motivación para 1.4.3. Ponga en común las preguntas e inicie una conversación con las dos últimas. Anime a los estudiantes a que se pregunten sobre los acontecimientos que han pensado.

1. Trabajos relacionados con sistemas informáticos.

1.4.2. Diga a los alumnos que subrayen las palabras que no comprendan y pídales que salgan a la pizarra y las escriban. Trate de que sean ellos mismos los que se las expliquen unos a otros. Inicie una pequeña interacción con la información que aparece en las frases preguntándoles si la conocían, si les sorprende y si conocen otros sucesos.

1.4.3. Relacione esta actividad con los acontecimientos de los que los alumnos han hablado en 1.4.1. Pregúnteles si conocen quién era Francisco Franco; en el caso de que ningún estudiante lo sepa, deles la información que necesitan para hacer la actividad. A continuación, presente a los personajes diciéndoles quiénes son y por qué eran importantes en el momento de la muerte de Franco.

> **Francisco Franco:** militar y dictador español. Fue uno de los líderes del golpe de Estado de 1936 que desembocó en la Guerra Civil Española. Gobernó España hasta su muerte.
>
> **Felipe González:** político español, secretario general del Partido Socialista Obrero Español (PSOE) desde 1974 a 1997 y presidente del gobierno desde 1982 a 1996. Su partido, durante la dictadura franquista, era ilegal.
>
> **Carmen Alborch:** política, senadora socialista y escritora española. Fue ministra de Cultura durante el último gobierno de Felipe González.
>
> **José Luis Rodríguez Zapatero:** político español, secretario del PSOE. Fue elegido presidente del gobierno en las elecciones de 2004 y 2008.
>
> **Juan Luis Cebrián:** periodista y académico desde 1997. Fue el fundador y editor jefe del diario *El País* desde sus inicios en el año 1976.
>
> **Manuel Fraga:** político español, fundador de Alianza Popular (partido que dio origen al actual Partido Popular). Fue ministro de Información y Turismo durante la dictadura de Francisco Franco entre 1962 y 1969, vicepresidente del Gobierno y ministro de la Gobernación inmediatamente después de la muerte de Franco.
>
> **Juan Marsé:** novelista español de la llamada Generación de los 50. Recibió el Premio Cervantes en 2008.

1.4.4. Ponga la audición dos veces, si lo considera necesario.

1. a; **2.** a; **3.** a; **4.** a; **5.** b; **6.** b.

2 Anécdotas culturales

En este epígrafe se presentan los recursos de interacción social y cultural que frecuentemente tienen lugar en reuniones informales entre amigos.

2.1. Motive con la imagen del libro, pregúnteles: "¿Quiénes crees que son, dónde están y qué hacen?". Deje que sean los estudiantes quienes planteen la situación: una comida en casa de amigos. Deje claro que es una situación informal. Contextualice la secuencia de actividades explicándoles que Agenda.com nos ofrece información y pautas para saber estar si nos invitan a comer o cenar a casa de unos amigos españoles. Vamos a aprender diferentes exponentes para ser cultural y socialmente adecuados en reuniones informales.

Haga la actividad en grupo clase y trate de que los alumnos expresen sus opiniones o impresiones sobre los temas que se les plantean. Deje claro que los comportamientos de los que vamos a hablar describen a una generalidad y suelen darse con mayor o menor frecuencia, pero que no necesariamente son únicos y universales.

2.2. La grabación expone a los estudiantes a diez pequeñas interacciones entre españoles, que servirán de contexto y modelos de lengua para la reflexión y sistematización posterior. En esta primera escucha general, pídales que únicamente relacionen las conversaciones con los momentos en los que creen que tienen lugar.

A: 4, 9; **B:** 2; **C:** 1, 3, 5, 7,10; **D:** 8; **E:** 6.

> **Simone Ortega** es la autora de un libro de recetas de cocina muy famoso en España (*1080 recetas de cocina*) que fue uno de los libros más vendidos en su fecha de publicación.
>
> El **queso de cabrales** es un queso fuerte con denominación de origen típico de Asturias, en el norte de España.

2.2.1. En esta segunda escucha pídales que escriban el número de conversación al lado del tema. Antes de poner la audición dígales que lean el cuadro, pregunten lo que no comprendan y, mirando la clasificación de 2.2., traten de responder a la actividad. Esto les facilitará la comprensión y les ayudará a reducir el estrés de la escucha.

Ponga la grabación dos veces, si lo cree necesario, y deje que comparen sus respuestas en parejas entre escucha y escucha.

a. 4, 9; **b.** 2; **c.** 3, 7, 10; **d.** 3, 7; **e.** 1; **f.** 5, 10; **g.** 8; **h.** 6; **i.** 6; **j.** 6; **k.** 6.

2.2.2. Actividad de reflexión en la que son los estudiantes los que, ayudados por la transcripción de la comprensión auditiva, sistematizan y se explican unos a otros los exponentes presentados. La dinámica sigue el modelo de aprendizaje cooperativo y es la siguiente:

1.º   Recorte las tarjetas de la ficha 14 (A).

Etapa 6

2.º Divida a la clase en parejas y entrégueles una tarjeta de la ficha 14 (A).

3.º Recorte las tarjetas de la ficha 14 (B), que son las conversaciones que han escuchado, y péguelas por las paredes de la clase.

4.º Pida a las parejas que se levanten y busquen en las transcripciones la información que necesitan para completar su ficha.

5.º Una vez que cada pareja haya escrito los datos de su tarjeta en el apartado correspondiente del libro, sepárelas y haga dos grupos (un miembro de cada pareja estará en un grupo diferente). Explíqueles que cada estudiante debe aportar al resto la información que ha obtenido.

6.º Corrija la actividad con la transparencia 7.

 Ficha 14 (A y B). *Saber estar.*

 Transparencia 7. *Saber estar.*

> **Aprendizaje cooperativo:** es una propuesta educativa que surge en el marco del enfoque centrado en el alumno y cuya característica principal es la organización del aula en pequeños grupos de trabajo. Existen diversos modelos de aprendizaje en cooperación, pero todos ellos comparten los siguientes procesos: la interdependencia positiva entre los alumnos, la interacción grupal cara a cara, la asunción de responsabilidades individuales y grupales, la ejercitación de destrezas sociales y la reflexión sobre estos mismos procesos. (Diccionario de términos clave, Instituto Cervantes. http://cvc.cervantes.es/ensenanza/biblioteca_ele/diccio_ele/).

2.2.3. Se propone esta actividad para practicar los contenidos vistos en este epígrafe, al tiempo que se desarrollan destrezas y estrategias orales. Introdúzcala diciendo a los alumnos que después de una comida o cena una opción son los juegos de mesa. Motívelos invitándoles a participar en uno. Divida la clase en dos grupos, haga una copia de la ficha 15, recórtela y ponga las tarjetas en un mazo boca abajo. Entregue un juego a cada equipo. Dígales que deben ir levantando, por turnos, las tarjetas para resolver las actividades o hablar de los temas que se proponen.

 Ficha 15. *Un juego para la sobremesa.*

3 Anécdotas con la cocina

En este epígrafe se repasa el imperativo para hacer recomendaciones y se presenta el uso de los pronombres átonos.

3.1. Las preguntas de los lectores ofrecen el contexto para posteriormente, en 3.1.1., presentar los contenidos formales de la secuencia. Muestre la transparencia 8 con los correos de los usuarios y motive preguntando a los alumnos si saben las respuestas. Introduzca en este momento la siguiente actividad.

 Transparencia 8. *Trucos de cocina.*

3.1.1. Deje que los alumnos traten de elegir la opción correcta, según su opinión o intuición. Preenseñe: *frotar, flotar*. Cree el interés por la solución para pasar a la siguiente actividad.

3.1.2. En la ficha 16 aparecen las respuestas de Isaac. Divida a la clase en parejas y entregue una copia a cada una. Dígales que, primero, corrijan su respuesta anterior. Una vez realizada esta parte de la actividad, haga la siguiente: pídales que se fijen en las palabras resaltadas en negrita de la ficha y de 3.1.1. y sondee la respuesta.

1. a; **2.** b; **3.** b; **4.** b; **5.** a.

 Ficha 16. *Trucos de cocina.*

3.1.3. Distribuya a los alumnos en parejas y pídales que completen el cuadro de reflexión. En la puesta en común, ponga con ellos otros ejemplos y deje que piensen en más. Hágales ver que el orden de los pronombres con el imperativo positivo funciona igual que cuando los verbos están en infinitivo. Tiene ejemplos en las fichas. De igual manera, explíqueles que el orden de estos con el imperativo negativo es exactamente el mismo que cuando el verbo está conjugado en cualquier tiempo.

Imperativo. Positivo: –a, –e; Negativo: –es, –as. Uso de los pronombres: la, los, las. Orden de los pronombres: detrás, delante.

3.2. Escriba en la pizarra la primera parte de las frases que transcribimos debajo y pida a los alumnos que las copien en su cuaderno. Pídales que las completen con algunos trucos; trate de que se aventuren usando la lógica o la intuición. Esta actividad introduce la siguiente.

> **1.** Para no estropear la sartén después de cada tortilla,
> **2.** Si se te ha acabado el vino y lo necesitas para cocinar,
> **3.** Para elegir el mejor melón,
> **4.** Para exprimir naranjas al máximo,
> **5.** Para saber si el aceite está suficientemente caliente para freír los alimentos,
> **6.** Para quitar el olor a pescado de las manos después de limpiarlo,
> **7.** Si el vinagre está muy fuerte,
> **8.** Para lavar la verdura perfectamente,

3.2.1. Divida la clase en parejas, haga una copia de la ficha 17 y péguela en la pizarra. Explíqueles que un miembro de la pareja deberá levantarse, ir hacia la ficha, leer el primer truco, intentar memorizarlo, volver al sitio donde está su compañero, dictarle el consejo y relacionarlo con la frase incompleta que han copiado. Deberá ir tantas veces a la pizarra a leer los consejos como necesite. Así hasta que hayan completado la mitad de las frases, porque en ese momento deberán intercambiarse los papeles, el que está sentado copiando se levanta para dictar y viceversa. Dote a la actividad de la idea de competición para dinamizar la clase. Preenseñe: *pegarse los alimentos a la sartén.*

1. f: limpia; **2.** b: digas, mezcla; **3.** d: coge, elige, lo dudes; **4.** e: métalas, las dejes; **5.** a: metas, pon; **6.** g: ponte; **7.** c: lo tires, introduce; **8.** h: ponla.

 Ficha 17. *Más trucos.*

3.3. **Actividad opcional.** Antes de realizar la actividad 3.4., se proponen las actividades que aparecen en la ficha 18. Se trata de motivar la tarea de 3.4., al tiempo que se da a conocer a los alumnos una obra de la literatura española: *La tesis de Nancy*, de Ramón J. Sender, a través de diferentes actividades de lengua.

 Ficha 18. *La tesis de Nancy.*

Dinámica de la ficha:

1. Cree el interés y el misterio pidiendo a los alumnos posibles respuestas a la pregunta que se les formula. Dígales que especulen sobre la relación de ese libro con los temas de la unidad. Pregúnteles sobre qué creen que puede tratar el libro. Una vez que se haya creado expectación, pídales que resuelvan la actividad. Asegúrese de que saben el significado de tesis.

1. Nancy; **2.** Ramón J. Sender; **3.** 1969; **4.** impresiones.

2. Ponga en común la posible respuesta: en el libro aparecen muchas costumbres típicas y estereotipadas de los españoles, e introduzca la siguiente actividad.

3. 1, 3, 6, 7.

3.4. Si ha hecho la actividad opcional, esta servirá a los alumnos en la generación de ideas. Si no es así, haga primero una lluvia de ideas en grupo clase, preguntando a los estudiantes qué costumbres, hábitos, comportamientos o actitudes han observado en los españoles. Ponga usted algunos ejemplos (horarios de comidas, despedidas largas, sobremesas largas...).

3.4.1. Actividad de interacción oral.

4 **Para terminar**

· ·

4.1. Complete con la clase el diario de clase que se ofrece en la ficha 19.

 Ficha 19. *Diario de clase.*

Alertas.com

Recuerde que la sección Alertas.com de la agenda digital está dedicada a problemas relacionados con la Tierra, el medioambiente, los estilos de vida… En este contexto se presentan y trabajan los contenidos funcionales y lingüísticos de la unidad.

1 Presentamos el problema

En este epígrafe se presenta el futuro imperfecto y el léxico relacionado con la ecología y medioambiente dentro del contexto comunicativo de las predicciones.

Motive el apartado con las imágenes de la ficha 20. Recórtelas y cuélguelas por las paredes de la clase. Pregunte a los estudiantes si saben qué están mostrando esas fotos. En este momento no es importante que los alumnos sepan la palabra correspondiente a cada problema, sino que entre todos aparezca el tema: diferentes problemas del medioambiente. Dígales que Agenda.com nos invita a participar en una mesa redonda sobre medioambiente y que para ello vamos a aprender algunas palabras relacionadas con el tema. Explíqueles, si es necesario, qué es una mesa redonda. Introduzca la primera actividad.

> **Mesa redonda:** es la reunión de varias personas para exponer sobre un tema predeterminado y preparado, bajo la dirección de un moderador.

 Ficha 20. *Fotos de la Tierra.*

1.1. Recorte las tarjetas de la ficha 21 y entrégueselas a los alumnos. Pídales que, una vez que hayan leído las definiciones que aparecen en su libro, se levanten y las peguen debajo de la foto correspondiente. Haga la actividad en grupo clase, deje que ellos cojan las tarjetas y se organicen como grupo.

 Ficha 21. *Problemas de la Tierra.*

Deforestación: a; Desertización: g; Sequía: b; Deshielo: f; Inundación: c; Incendio: d; Peligro de extinción: e; Gases de efecto invernadero: h.

1.2. La secuencia presenta inductivamente el futuro imperfecto. En la grabación aparecen contextualizadas las muestras de lengua que utilizarán los alumnos para sistematizar la regla. Esta primera escucha prepara al estudiante para la siguiente, de manera que le resulte más fácil realizar la actividad.

a. 8; **b.** 1; **c.** 6; **d.** 7; **e.** 3; **f.** 4; **g.** 5; **h.** 2.

1.2.1. Ponga la audición dos veces, si lo considera necesario y deje trabajar a los alumnos en parejas entre escucha y escucha.

1. g. 8; **2.** c. 1; **3.** f. 5; **4.** h. 7; **5.** b. 3; **6.** e. 2; **7.** d. 6; **8.** a. 4.

Etapa 6

I.2.2. Actividad de sistematización que completan los estudiantes a partir de los ejemplos anteriores.

infinitivo; –á; –án.

I.2.3. La actividad sirve para introducir los referentes temporales más frecuentes. Asegúrese de que entienden el significado. Pídales que en los casos en los que aparece el verbo, lo transformen al futuro y que completen de manera libre las últimas frases. Distribúyalos en parejas. Explique el valor del indeterminado *unos* en *dentro de **unos** 50 años*: tiempo no específico.

1. desaparecerán; **2.** lloverá; **3.** será; **4.** viviremos; **5.** subirá.

I.2.4. La actividad que se propone en la ficha 22 desarrolla en los estudiantes la siguiente estrategia de aprendizaje: relacionar formas irregulares con sus infinitivos a partir de las similitudes fonéticas entre ambos. Distribuya a los alumnos en parejas (A y B), haga tantas fotocopias de la ficha como parejas tenga, recórtela por la línea de puntos y entregue la copia correspondiente a cada uno. Empieza A diciendo *haré*, B tendrá que buscar en la columna de los infinitivos el correspondiente a *haré (hacer)* y deberá decir el futuro que tiene al lado: *pondrán*. El alumno A buscará el infinitivo de *pondrán (poner)* y dirá: *podré*. B buscará *poder* y dirá *tendrás*, así hasta que lleguen al final.

 Ficha 22. *Futuro irregular.*

I.2.5. Diga a los alumnos que en parejas (A y B) completen el cuadro con la información de las tarjetas de la actividad anterior.

Decir: dir–; Hacer: har–; Haber: habr–; Saber: sabr–; Querer: querr–; Poner: pondr–; Poder: podr–; Tener: tendr–; Salir: saldr–; Venir: vendr–.

I.3. **Actividad opcional.** La actividad que se propone en la ficha 23 es un juego: los alumnos tendrán que seguir el itinerario según las indicaciones que se les dan para descubrir la sala en la que tendrá lugar la mesa redonda sobre medioambiente. Distribuya a los alumnos en parejas y entrégueles una copia de la ficha 23.

 Ficha 23. *Adivinanza.*

Sala 2.

I.4. Esta actividad presenta a los estudiantes los temas de los que se tratará en la mesa redonda. Invítelos a conocerlos pidiéndoles que completen las frases con los verbos en futuro.

1. desaparecerá; **2.** habrá, lloverá; **3.** cortarán, se deforestarán; **4.** caerán, inundarán; **5.** subirá, se deshelarán; **6.** perderán; **7.** utilizará; **8.** será; **9.** se extinguirá; **10.** costará.

I.4.I. Los adverbios de probabilidad aparecen de forma contextualizada en las frases anteriores. Pida a los alumnos que se fijen en ellas y las sistematicen en el cuadro. Hágales ver también que hay dos estructuras (*se cree que*, *se piensa que*), que no son adverbios, pero que se pueden usar para hacer predicciones.

1. probablemente; **2.** se cree que; **3.** seguramente; **4.** posiblemente; **5.** se piensa que.

I.4.2. Nombre entre los alumnos un moderador de la mesa redonda o pida un voluntario. Dígales que este debe introducir cada uno de los temas y proponer preguntas para motivar la discusión. Deje un tiempo para que, tanto el moderador como el resto de los estudiantes, piensen sus opiniones y exposiciones.

2 Damos soluciones

En este epígrafe se ofrece más vocabulario relacionado con la ecología y se introduce la estructura de la primera condicional. Se repasa, también, el imperativo para hacer recomendaciones que vieron en la unidad anterior. Contextualice el apartado diciendo a los estudiantes que, a partir de la mesa redonda, varias personas se han puesto en contacto con Agenda.com para ofrecer alternativas y soluciones.

2.1. Recorte las imágenes de la ficha 24, que representan el vocabulario que se quiere presentar y pida a lo alumnos que, a partir de ellas, elijan las definiciones correctas.

1. b; **2.** c; **3.** a; **4.** c; **5.** a; **6.** b.

 Ficha 24. *Soluciones.*

2.2. La audición ofrece las muestras de lengua para presentar la estructura de la primera condicional para expresar condiciones. Contextualice la grabación diciendo a los alumnos que un grupo de estudiantes que asistieron como oyentes a la mesa redonda de Agenda.com comentan algunas soluciones para evitar la degradación del medioambiente. Ponga la audición dos veces pero advierta a los estudiantes que no deben escribir la frase completa, sino tomar notas para después poder desarrollarla. Ponga a los estudiantes a trabajar en parejas antes de corregir la actividad.

1. Ahorrar agua potable; **2.** Reducir los gases invernadero; **3.** Comer menos carne; **4.** Reducir el gasto energético; **5.** Reciclar los envases, el papel y el cristal; **6.** Gastar menos plástico; **7.** Comprar productos frescos sin envoltorio; **8.** Las futuras generaciones vivir en un mundo terrible con pocos recursos naturales.

2.2.1. A partir de las dos frases que se les dan resueltas a los estudiantes, pídales que completen el resto para posteriormente sistematizar la regla.

3. Si comemos menos carne, los animales estarán mejor cuidados y contaminarán menos; **4.** Si apagamos las luces que no necesitamos, reduciremos el gasto energético; **5.** Si reciclamos, no agotaremos los recursos de la Tierra; **6.** Si llevamos bolsas de tela cuando hacemos la compra, gastaremos menos plástico; **7.** Si compramos productos frescos, evitaremos la producción de tantos envases; **8.** Si no empezamos a buscar soluciones, viviremos en un mundo terrible.

Primera condicional: presente de indicativo, futuro.

2.3. Actividad que sirve para introducir y motivar la siguiente. Invite a los alumnos a que especulen sobre las características de una casa verde. El ejemplo del libro les puede guiar.

2.3.1. y 2.3.2. Práctica de lenguaje de interacción oral para trabajar la primera condicional. Haga las dos primeras preguntas a la clase y deje que los alumnos que sepan las respuestas se lo expliquen entre ellos, si no, deles usted la solución. A continuación distribuya a los alumnos en tríos o pequeños grupos y pídales que hablen sobre las consecuencias positivas para el medioambiente de la casa verde, a partir de las especificaciones que tienen. Ponga con ellos el ejemplo que viene en el libro. Dé un final a la actividad pidiéndoles que realicen la actividad 2.3.2.

Etapa 6

Madera certificada FSC. En 1993 se creó una organización internacional sin ánimo de lucro, el Consejo de Administración Forestal (FSC), con la intención de controlar y frenar la sobreexplotación y la tala ilegal de los recursos madereros mundiales. Los productos madereros que llevan el certificado del FSC han sido extraídos y elaborados con criterios ecológicos, sostenibles y socialmente justos y solidarios.

Electrodomésticos de la serie A. Como herramienta para optimizar el uso doméstico de la energía, se creó a nivel europeo en los años 90 el sistema de etiquetado energético de los electrodomésticos. Las letras (de la A a la C) informan sobre el grado de eficiencia energética del electrodoméstico, siendo la A la más eficaz.

2.3.3. Divida a la clase en grupos y pídales que elaboren un decálogo con recomendaciones que ofrezcan una buena práctica de vida para proteger el medioambiente. Anímelos a que utilicen el imperativo positivo y negativo tal y como ofrecemos en el modelo.

2.4. **Actividad opcional.** La actividad de comprensión lectora prepara para la siguiente: escuchar una canción del grupo mexicano Maná. Ponga a los estudiantes en parejas para hacer la actividad.

1. Siete macroconciertos para concienciar al público de la crisis climática que provoca el calentamiento del planeta; **2.** El 7 de julio en diferentes lugares; **3.** Muchos; algunos son: Madonna, Red Hot Chilli Peppers, The Police, Maná, Enrique Iglesias; **4.** Del ex vicepresidente estadounidense Al Gore.

2.4.1. La canción que van a escuchar se titula *¿Dónde jugarán los niños?* del álbum con el mismo título. Pregunte a los estudiantes si conocen al grupo y deles información sobre él (grupo mexicano de rock). Introduzca la actividad y adviértales que no se preocupen por entender toda la letra, solamente deben hacer una escucha general y seleccionar palabras que les permitan descubrir los temas de los que hablan. Ponga la canción dos veces, si lo considera necesario. Deje que los alumnos trabajen en parejas entre escucha y escucha.

1, 2, 7.

3 Adivinamos

En este epígrafe se integran actividades que permiten a los estudiantes trabajar diferentes destrezas comunicativas.

3.1. Esta actividad sirve de introducción y motivación para la siguiente. Si los alumnos no saben el significado de alguna palabra, de momento no les dé la explicación porque la tendrán en el siguiente ejercicio. Deje que especulen y digan lo que sepan o intuyan. Se trata de que lleguen a que todas son técnicas de adivinación.

3.1.1. La dinámica de esta actividad se conoce con el nombre "grupo de expertos". Haga fotocopias de la ficha 25, recorte las tarjetas y reparta una a cada estudiante. Ponga a todos los alumnos que tienen la misma información juntos para que lean y resuelvan los problemas de comprensión. Redistribuya los grupos de manera que en cada uno haya una persona con uno de los textos. Pida que cada persona explique al grupo, con sus propias palabras, la información que han obtenido sobre la técnica adivinatoria.

 Ficha 25. *Técnicas adivinatorias.*

3.2. **Actividad opcional.** Lance la pregunta al grupo y deje que den sus opiniones sobre el tema. Trate de crear el interés para la lectura del texto de la ficha 27. La tarea de comprensión lectora que se propone requiere el uso del diccionario monolingüe. En la Etapa 5 se adjuntaba una ficha con instrucciones para enseñar a los alumnos a buscar palabras en los diccionarios monolingües; consideramos interesante acostumbrar a los estudiantes al uso de este tipo de diccionarios por lo que la volvemos a reproducir en esta Etapa en la ficha 26. Repártala entre los alumnos junto al artículo y el trabajo de vocabulario de la ficha 27. Corrija la actividad y provoque una interacción oral con las últimas preguntas del texto.

En el Libro del profesor de Etapa 5 apuntábamos las siguientes recomendaciones para elegir un diccionario monolingüe.

Consideramos que un buen diccionario monolingüe de español debería:

■ Señalar el tipo de alumno y nivel al que se dirige. Se recomienda un diccionario especializado para la enseñanza del español como lengua extranjera o, en su defecto, destinado al público escolar: un diccionario didáctico.

■ Dar información sobre las palabras: transcripción fonética y separación silábica, clase de palabra (adjetivo, sustantivo, verbo...), irregularidades, género, norma y uso, sinónimos y antónimos...

■ Ofrecer algunas curiosidades sobre las palabras.

■ Ejemplos en contexto.

■ Dibujos, ilustraciones.

■ Apéndices: conjugación verbal, reglas de acentuación, reglas ortográficas...

 Ficha 26. *Diccionarios monolingües.*

 Ficha 27. *¿Es inexorable el futuro?*

1. 1. caparazón; **2.** raja; **3.** oráculo; **4.** campana; **5.** corroborar.
2. 1. tortuga; **2.** sofisticado; **3.** extravagante; **4.** inexorable.

3.3. Para terminar la unidad, la siguiente secuencia incorpora el elemento lúdico. Motive a los estudiantes proponiéndoles ir a un adivino. Pregúnteles qué les gustaría saber sobre su futuro y pídales que escriban cinco preguntas para hacer al experto. Ponga usted algún ejemplo del tipo: *¿Seré feliz? ¿Tendré mucho dinero?* para guiar y mostrar que no tienen por qué ser preguntas demasiado personales.

3.3.1. Distribuya en parejas a los estudiantes. Dígales que cada uno va a ser el adivino del otro con las siguientes instrucciones: recorte las tarjetas de la ficha 28, barájelas y dé un juego a cada alumno. Dígales que ante una pregunta de su compañero cojan una de las tarjetas e inventen una respuesta continuando la frase que aparece en ella. Así con cada una de las preguntas. Después el compañero hará lo mismo. Verá que las frases que se proponen para continuarse son tan generales que pueden valer para cualquier pregunta. Esta actividad desarrolla la capacidad de expresión y comunicación al forzar a los estudiantes a dar una respuesta.

 Ficha 28. *Poder de adivinación.*

Etapa 6

Recuerde que el apartado de Actualidad.com de la agenda digital está dedicada a las noticias. Con este contexto se presentan y trabajan los contenidos funcionales y lingüísticos de la unidad.

1 ¡Qué noticias!

En este epígrafe se proponen actividades que giran en torno a seis noticias diferentes. Se persigue el desarrollo de estrategias de lectura, se presentan contenidos lingüísticos nuevos (las perífrasis) y se trabaja con otros ya conocidos (los pasados).

1.1. y 1.1.1. Se empieza recordando el léxico relacionado con medios de comunicación que se introdujo en la unidad 1 de esta Etapa. Pida a sus alumnos que activen sus conocimientos comentando en parejas el significado de las palabras que aparecen en el libro. A continuación, dígales que elijan nueve de los términos anteriores para realizar una actividad de bingo. Puede motivarlos con un posible premio. Pídales que los escriban en los cuadros de su *cartón* de bingo. Recorte las tarjetas de la ficha 29 e introdúzcalas en una bolsa. Cuando los alumnos hayan completado sus recuadros, dé comienzo al juego. Extraiga una definición de la bolsa, léala en alto y si algún alumno tiene la palabra relacionada, debe tacharla. Continúe hasta que un estudiante tache todas sus palabras y grite *¡Bingo!*

 Ficha 29. *El bingo de Actualidad.com*

1.2. y 1.2.1. Tarea para contextualizar el tema de las noticias. Invite a sus alumnos a leer y responder las preguntas que aparecen en el libro. Déjeles unos minutos para reflexionar y después pase a la interacción oral. Pídales que en parejas discutan sobre sus respuestas. Puede hacer una puesta en común final en grupo clase preguntando a cada pareja: "¿Hay muchas diferencias entre vuestros hábitos y opiniones?".

1.3. Comienza aquí una secuencia de actividades donde los alumnos trabajan con seis noticias para desarrollar sus estrategias de comprensión escrita. Para empezar se ofrecen tres recomendaciones para entender una noticia, pregunte a sus alumnos si están de acuerdo con ellas.

1.3.1. Informe a sus estudiantes de que van a trabajar con seis noticias extraídas de Actualidad.com. Dígales que tienen tres palabras clave de cada una y que dos de ellas ya están emparejadas en los círculos, pero que deben encontrar la tercera en el recuadro del centro. Para ayudarlos, estas palabras están definidas o explicadas. Póngales en parejas y pídales que escriban el término que falta en cada círculo.

1. Denunciar; **2.** Leyes antidopaje; **3.** Investigar; **4.** Barro; **5.** Representación; **6.** Cementerio.

1.3.2. Divida la pizarra en seis recuadros y a cada uno póngale un número, que se corresponderá con el que identifica a los grupos de palabras clave de 1.3.1. Recorte las tarjetas de las fichas 30A y 30B con los titulares y nombres de secciones pertenecientes a las noticias de las palabras clave anteriores. Repártalas entre los estudiantes y pídales que se levanten para pegarlas en el recuadro apropiado. En cada uno debe quedar un titular y un nombre de sección. En la corrección aproveche para comprobar que entienden todo el vocabulario.

Titulares: **1.** Europa disminuye los derechos humanos en nombre de la lucha contra el terror, según un informe de Amnistía Internacional; **2.** El dopaje está matando el deporte; **3.** Primer ensayo experimental de una vacuna contra la cocaína; **4.** Las fuertes lluvias en España inundan varias ciudades; **5.** La obra de W. Shakespeare sobre uno de los personajes de *El Quijote* de Miguel de Cervantes es una realidad; **6.** Un brasileño aparece vivo en su entierro. **Secciones: 1.** Internacional; **2.** Deportes; **3.** Ciencia; **4.** Nacional; **5.** Cultura; **6.** Sucesos.

 Ficha 30 (A y B). *¡Qué noticias!*

1.4. Despierte el interés de sus alumnos diciendo que vamos a leer una de las noticias. Muéstreles el texto que está en su libro y pídales que identifiquen el número de la noticia. Dígales que deben escribir el título e insertar las palabras clave en el lugar adecuado. Déjeles que trabajen individualmente y posteriormente comparen con un compañero.

Titular: Europa disminuye los derechos humanos en nombre de la lucha contra el terror según un informe de Amnistía Internacional; **1.** migración; **2.** denunció; **3.** países europeos.

1.5. Dirija ahora la atención del grupo hacia la noticia número seis, la de la sección de sucesos (*Un brasileño aparece vivo en su entierro*). Aproveche su aparente comicidad para animarlos a que conjeturen en parejas sobre la posible información que da la noticia y hágales ver que cuando la lean, si tienen esta información será más fácil entender el significado. Antes de pasar a la siguiente actividad haga una pequeña puesta en común de las historias que han imaginado a través del titular y las palabras clave.

1.5.1. Tarea de comprensión lectora. En primer lugar, realice una actividad comunicativa pidiendo a los estudiantes que lean la noticia real para comparar con sus versiones anteriores. Para la puesta en común lance la siguiente pregunta: *¿Qué pareja ha pensado una versión más parecida a la real?* Posteriormente, el texto nos servirá como muestra de lengua para introducir las perífrasis que están en negrita.

1.5.2. Sistematización del contenido lingüístico introducido en el texto anterior. Divida el grupo en parejas y pídales que observen el comportamiento de las perífrasis verbales que están en negrita en el texto de 1.5.1. para completar el esquema. Haga una llamada de atención sobre la doble posibilidad de colocación del pronombre reflexivo con las perífrasis verbales (*se volvió a colgar la cámara/volvió a colgarse la cámara*).

> Una perífrasis verbal es la unión de dos verbos que funcionan como uno solo. El segundo siempre es un infinitivo o un gerundio (a veces, un participio). Entre los dos verbos puede haber una preposición (*ir a* + infinitivo) o una conjunción (*tener que* + infinitivo). El primero de los verbos pierde su significado literal y añade otro significado extra al segundo (futuro, obligación, necesidad...)

1. soler; **2.** volver; **3.** dejar; **4.** ponerse; **5.** estar/punto; **6.** seguir.

I.6. Actividad de vacío de información que busca la ejercitación de los contenidos recién presentados. Motive a los alumnos diciéndoles que vamos a conocer algo sobre dos periodistas relacionados con Actualidad.com; sus nombres son Lena de Miguel y Óscar Pérez. Fotocopie la ficha 31 y recórtela por la mitad dejando un texto en cada parte. Divida la clase en parejas asignando a cada alumno la letra A o B. Entrégueles el texto identificado con la letra que le haya correspondido a cada estudiante. Pídales que lo completen con las perífrasis verbales sobre las que acaban de reflexionar. Adviértales que deben conjugar el primer verbo en pasado (pretérito indefinido o imperfecto) según el contexto y poner el segundo en infinitivo o gerundio. Si lo cree conveniente, puede juntar a todos los alumnos con la misma letra para que se ayuden y comparen entre sí. Según vayan terminando, pasee por sus mesas, compruebe si sus respuestas son correctas y corrija los errores.

 Ficha 31. *Periodistas.*

Texto A: 1. se puso a trabajar; **2.** solía pasear; **3.** dejó de trabajar; **4.** volvió a colgarse; **5.** siguió fotografiando; **6.** estuvo a punto de ganar; **7.** dejó de hacer.

Texto B: 1. solía acompañar; **2.** se puso a estudiar; **3.** estaba a punto de terminar; **4.** dejó de estudiar; **5.** volvió a coger; **6.** seguía gustando; **7.** siguió creciendo.

I.6.I. Pídales que, en parejas A-B, comparen la información de los dos personajes para averiguar qué tienen en común.

Son madre e hijo.

Actividad extra: llame la atención de los alumnos sobre la noticia número 2 (*El dopaje está matando el deporte*). Sondee los conocimientos e interés que tienen sobre el tema. Si considera que les puede motivar, póngalos en parejas y anímelos a escribir el texto de la noticia para mandarlo a Actualidad.com. Recuérdeles las palabras clave e invítelos a utilizar alguna de las perífrasis que han aprendido.

I.7. Se propone una actividad opcional sobre la noticia número 5 (*La obra de W. Shakespeare sobre uno de los personajes de* El Quijote *de Miguel de Cervantes es una realidad*). Comience la contextualización preguntando *¿Recordáis la noticia número 5? ¿Qué sabéis de los dos escritores que se citan?* Propóngales hacer el test para seguir midiendo sus conocimientos sobre ellos. Pídales que lean las frases y que marquen en la columna del autor al que se refiere cada una según su opinión. Adviértales que puede haber información válida para ambos. Realice una puesta en común para terminar y aproveche para pasar fluidamente a la siguiente tarea.

1. los dos; **2.** Cervantes; **3.** Shakespeare; **4.** Shakespeare; **5.** Cervantes; **6.** Cervantes; **7.** Shakespeare; **8.** los dos; **9.** Cervantes; **10.** Shakespeare; **11.** Shakespeare; **12.** los dos.

I.7.I. Retome la puesta en común de la tarea anterior para hacerles ver a los estudiantes los paralelismos entre Shakespeare y Cervantes. Probablemente se habrán sentido sorprendidos sobre el hecho de que el inglés escribiera una obra de teatro sobre un personaje de *El Quijote*. Anímelos a leer la noticia. Explique que a veces el presente de indicativo se utiliza con valor de pasado e invítelos a transformar la noticia utilizando los tiempos del pasado adecuadamente.

> Parece ser que Shakespeare quedó tan fascinado con la lectura de *El Quijote* que decidió escribir una obra de teatro, junto al dramaturgo John Fletcher, con el personaje de Cardenio. Hay constancia de que la obra existió y estaba firmada por

ambos autores. Sin embargo, el manuscrito se perdió, después de haberse interpretado un par de veces, en un incendio del teatro Globe de Londres. En 2007 la Royal Shakespeare recuperó y autentificó uno de los manuscritos.

Cardenio, que era un joven noble loco de amor, nació en 1605 en la imaginación de Cervantes. En 1612, John Shelton tradujo *El Quijote* al inglés y al poco tiempo Shakespeare, junto a John Fletcher, uno de los dramaturgos más famosos en aquel momento, escribió una obra de teatro: *Cardenio*. En aquella época se consideró una continuación de la obra del español.

Después de dos representaciones, la obra desapareció en un incendio. Algunos historiadores del mismo siglo dijeron que habían visto el misterioso escrito, pero más tarde cada poco tiempo había polémicas sobre su existencia entre los especialistas en literatura. Unos pensaban que la obra de los ingleses no había existido nunca; otros creían que sí. De este modo la obra pasó a ser una leyenda hasta ahora. Se cree que se podrá ver la representación de la obra dentro de dos años.

1.8. Tarea de comprensión auditiva. Recuerde la noticia número cuatro (*Las fuertes lluvias en España inundan varias ciudades*). Una vez más, pida a sus alumnos que lancen sus hipótesis sobre lo que ha pasado. Preenseñe las palabras *barro* y *tuberías*. Dígales que van a escuchar la noticia en la radio y que deben marcar únicamente las frases cuyas ideas se mencionan. Realice dos audiciones (la segunda si es necesario con alguna pausa) e invítelos a comparar sus respuestas en parejas.

1, 4, 5, 7, 8.

1.8.1. Como actividad final del epígrafe se plantea la redacción de una noticia para la agenda digital. Pídales que trabajen en parejas para elaborar el texto de la noticia cuatro. Para ello, es recomendable que utilicen la información que han marcado en 1.8., las palabras clave y el titular. Dígales que también les puede ayudar otra información que recuerden de la audición.

2 ¿Te has enterado de...?
•••

Esta sección se dedica a la práctica de los exponentes utilizados para comentar una noticia.

2.1. Comprensión auditiva que ofrece muestras de lengua donde se utilizan los exponentes que se quieren introducir. Motive la actividad haciendo preguntas del tipo: *¿Las noticias suelen ser un tema de conversación entre vuestros amigos? ¿Te gusta comentar noticias?* La primera escucha será general, contextualícela diciendo que los usuarios de Actualidad.com comentan algunas de sus noticias. Son cinco minidiálogos. Pídales que escriban junto al titular la letra de la conversación en que se comenta la noticia.

1. d; **2.** c; **3.** a; **4.** b; **5.** e.

2.1.1. Segunda escucha de carácter selectivo. Con ella se realizará la sistematización de los contenidos. Vuelva a poner la audición y pida a los alumnos que completen las preguntas que se utilizan para introducir una noticia. Anímelos a que hagan uso de sus estrategias de observación e inferencia. Compruebe que sus respuestas son correctas y explíqueles las posibles respuestas que están en el siguiente esquema. Utilizando la llamada de atención recuérdeles cuándo se usa el pretérito perfecto y cuándo el pretérito indefinido.

1. visto; **2.** has enterado; **3.** Sabías; **4.** nombre; **5.** frase/verbo.

2.2. Tarea que engloba las funciones trabajadas hasta ahora en la unidad: redactar noticias y comentarlas. Motive la actividad preguntando a los alumnos: *¿Últimamente ha pasado algo especial en vuestra ciudad, vuestra escuela, vuestro trabajo...?* Deje que expliquen si tienen algunas ideas. Informe de la existencia de un enlace sobre "noticias locas" en la página Actualidad.com. Por ejemplo, si algún estudiante cuenta una noticia curiosa, dígales que esa sería una buena noticia para un apartado que hay en Actualidad.com. Infórmelos de que van a escribir noticias para colgarlas en ese enlace. En primer lugar, reflexione con ellos sobre las respuestas que deben ser respondidas en el contenido de una noticia (quién, dónde, cuándo, cómo, por qué). Para hacer la actividad asegúrese de que cada alumno tiene un papel en el que escribir. Invítelos a realizar el esquema de las noticias utilizando la técnica conocida como ruleta de disparates. Pídales que escriban en la parte superior de la hoja la pregunta *¿Quién?* Cópiela usted también en la pizarra. Dígales que deben responderla, lógicamente con el nombre una persona, y que debe ser alguien que todos conocen (famosos o de su entorno común). Cuando lo hayan hecho, pídales que doblen el papel hacia atrás de tal manera que su pregunta y respuesta queden ocultas. Dé la instrucción de que, todos al mismo tiempo, pasen su papel al compañero que esté a su derecha. Siga con la misma técnica con el resto de preguntas que usted irá anotando en la pizarra en este orden: *¿Cuándo?, ¿Qué pasó?, ¿Dónde?, ¿Cómo?, ¿Por qué?* Cuando la ruleta "termine de girar", indíqueles que abran el papel, que habrá quedado hecho un acordeón. Los alumnos leen los resultados, seguramente un tanto disparatados, y en parejas eligen una de las dos noticias. Pida a cada pareja que redacte la que ha elegido. Recuérdeles que lo primero que deben hacer es escribir un título y a continuación desarrollar la información teniendo como referencia las respuestas que han escrito. Por supuesto, ellos pueden aportar datos cosecha de su imaginación. Anímelos a utilizar las perífrasis introducidas en 1.5. y a que reflexionen sobre el uso de los tiempos del pasado.

2.2.1. Práctica de los exponentes introducidos en este epígrafe. Pida a sus estudiantes que recuerden las noticias locas que acaban de escribir y dígales que se pongan de pie para comentarlas con otros compañeros. Recuérdeles el esquema de 2.1.1. para que puedan desarrollar sus conversaciones basándose en él.

3 Foros de opinión

Para terminar el proceso lógico relacionado con las noticias (entrada de información, comentario y opinión) se presentan en este epígrafe algunas estructuras sencillas para expresar la opinión. Todo se hace en el contexto comunicativo de los foros de opinión de Actualidad.com.

3.1. Para introducir y motivar el tema de los foros de Internet, pida a sus alumnos que reflexionen sobre las preguntas que aparecen en el libro. Déjeles unos minutos y después ponga en común sus respuestas.

3.1.1. Esta actividad ofrece muestras de lengua extraídas de un foro ficticio de Internet en el que los usuarios opinan sobre las noticias de Actualidad.com. Con la interacción oral anterior ya tiene contextualizados los textos. Primeramente, están los títulos de cada hilo del foro. Pídales que lean los mensajes para escribir cada uno de los títulos en los espacios en blanco que encabezan cada cadena de mensajes.

1. Un estudio dice que los bebés lloran en su idioma materno; **2.** Las agresiones a profesores aumentan un 40% el último año; **3.** Los piratas secuestran un nuevo barco de pescadores en el Índico; **4.** Subastan en eBay una parte del cerebro de Mussolini.

3.1.2. Tarea de reflexión sobre el contenido lingüístico introducido en los textos anteriores. Dirija la atención de los alumnos sobre las expresiones resaltadas en negrita en los mensajes de 3.1.1. Pregúnteles qué tienen en común (expresan opinión). Invítelos a leerlos de nuevo para completar el esquema a través de la exploración del lenguaje.

1. Me parece que, Creo que, A mí me parece bien/mal...; **2.** obvio, verdad, cierto, Está; **3.** estoy; **4.** Debería(n), Tendrían que.

Actividad extra: seleccione algunos periódicos que utilicen lenguaje sencillo (por ejemplo los de distribución gratuita) y llévelos al aula. Entregue uno a cada alumno y pídales que elijan una noticia. Deles un tiempo para leerla y trabajar con el léxico y estructuras que no conozcan. Después, en grupo clase, invítelos a comentar con los compañeros su noticia: *¿Habéis leído que...? ¿Os habéis enterado de lo de...?* Las respuestas pueden ser afirmativas o negativas dependiendo de la realidad de cada estudiante. Termine la actividad animando a sus estudiantes a que expresen su opinión utilizando los exponentes que se han introducido en este epígrafe.

3.2. y 3.2.1. Se inicia aquí una secuencia de actividades encaminadas a la consecución de un debate con el tema: *¿Es más importante la rapidez con la que se da una información o comprobar que todo es verdad?* Con el fin de preenseñar léxico que van a encontrar en un texto posterior, pida a sus estudiantes que comenten los significados de las palabras o expresiones que aparecen en el libro. Si hay algo que no puede explicar ningún estudiante, hágalo usted. Anime a sus alumnos a expresar su opinión sobre las dos preguntas que encabezan 3.2.1. Fotocopie el texto de la ficha 32: con él se pretende generar ideas para el posterior desarrollo del debate. Para hacer llegar la información a sus alumnos tiene dos posibilidades. Si quiere dinamizar un poco más, puede recortarlo en trozos y pegarlo por las paredes del aula para que los alumnos se levanten a buscar la información con la que completar el cuadro del libro. Si no, puede repartir una fotocopia con el texto completo a cada alumno o pareja. Inicie el tema del debate preguntando: *¿Los medios de comunicación tienen el deber de informar con rapidez? ¿Deben confirmar antes que toda la información es verdad?*

 Ficha 32. *Noticias ¿reales?*

Protagonista/s	¿Qué pasó?	¿Quién resultó dañado?
Una familia que vivía en un chalé de Madrid y un violento ladrón.	El ladrón entró en la casa para robar y maltrató a la familia.	La familia, que sufrió una agresión, y los periodistas, que fueron condenados por un juez.
Una niña británica y sus padres.	Desapareció la niña y sospecharon de sus padres.	Los padres, la prensa los condenó.
Un joven español.	Fue acusado de maltratar a la hija de su novia.	El joven, los medios de comunicación le llamaron "maltratador".

3.2.2. Comuníqueles que es muy frecuente que los medios de comunicación propongan encuestas sobre temas polémicos. Actualidad.com ofrece a sus usuarios la posibilidad de votar sobre la siguiente pregunta: *¿Es más importante la rapidez con la que se da una información o comprobar que todo es verdad?* Dígales que van a hacer un debate sobre esa cuestión. Divida la clase en dos grupos. Por una parte, deben pensar en las preguntas que se plantean al final del texto de 3.2.1. y por otra parte, un grupo buscará argumentos a favor de informar de la rapidez de la información y el otro, argumentos en contra. Si sus alumnos lo desean, déjeles elegir grupo, así estarán más motivados para seguir el debate. Deles unos minutos para que preparen las ideas que quieren debatir: el primer grupo con las ventajas que tiene la rapidez al informar y el segundo, con los inconvenientes. Pasee por el aula y ayúdelos a generar las ideas y expresarlas con claridad.

3.2.3. Actividad final de la unidad donde los alumnos pueden activar los contenidos introducidos a lo largo de ella. Invítelos a participar en el debate utilizando las expresiones de opinión y muéstreles otras expresiones útiles que podemos usar en los debates.

Unidad 1 — Inicio.com

1.1. **Parto por Internet: 1.** nació; **2.** estaba; **3.** quería; **4.** nació; **5.** pudo; **6.** grabó; **7.** vio; **8.** dijo; **9.** se emocionó; **10.** fue. **Amor y literatura: 1.** Era; **2.** hacía; **3.** estaba; **4.** había; **5.** encantó; **6.** leí; **7.** me levanté; **8.** pregunté; **9.** se sorprendió; **10.** nos pusimos; **11.** enseñó; **12.** prestó; **13.** unió. **El trabajo de mis sueños: 1.** trabajé; **2.** hice; **3.** era; **4.** dijo; **5.** había; **6.** hice; **7.** llamaron. **La novia de fucsia: 1.** llevaba; **2.** salí; **3.** rompió; **4.** Fue; **5.** dejó; **6.** me casé.

1.2. **1.** a; **2.** c; **3.** a; **4.** b; **5.** c; **6.** c; **7.** b; **8.** a; **9.** a.

1.3. **1.** V; **2.** F; **3.** V; **4.** V; **5.** F.

1.4. **1.** La mayoría de los estudiantes tiene cámara digital, tiene DVD, participa en blogs, reserva viajes por Internet; **2.** Muy pocos estudiantes hacen la compra desde casa por Internet, leen la prensa en Internet; **3.** Casi todos los estudiantes tienen cámara digital, tienen DVD; **4.** La minoría de los estudiantes descarga música; **5.** Todos los estudiantes tienen teléfono móvil, usan el ordenador todos los días.

1.5. **1.** e; **2.** l; **3.** g; **4.** m; **5.** i; **6.** b; **7.** k; **8.** a; **9.** f; **10.** c; **11.** h; **12.** j; **13.** d; **14.** n.

1.5.1. **1.** anuncios; **2.** editorial; **3.** suplemento; **4.** usuarios; **5.** reporteros; **6.** mando a distancia; **7.** presentador, corresponsal; **8.** sección, titulares.

1.6. **La televisión: 1.** telespectador; **2.** zapear; **3.** cadena; **4.** mando a distancia; **5.** presentador. **La radio: 1.** locutor; **2.** emisora; **3.** oyente. **El periódico: 1.** titular; **2.** prensa; **3.** portada; **4.** editorial; **5.** artículo; **6.** suplemento; **7.** lector; **8.** suscripción; **9.** sección. **Medios de comunicación: 1.** anuncio; **2.** corresponsal; **3.** enviado especial; **4.** reportero; **5.** redactor; **Informática: 1.** usuario; **2.** registrarse.

1.7. **1.** *Público*; **2.** los domingos; **3.** *ADN, 20 minutos, Qué!*; **4.** Antena 3, Canal Plus y Telecinco; **5.** En 1989; **6.** Radio 5; **7.** F.

1.8. Respuesta abierta.

Unidad 2 — Cartelera.com

2.1. **1.** a; **2.** c; **3.** b; **4.** b; **5.** a, c.

2.2. **1.** De repente; **2.** Después de; **3.** luego/entonces; **4.** luego/entonces; **5.** mientras; **6.** Al final.

2.3. **1.** a. pasó; b. fue; c. terminó; d. fue; e. habían basado. **2.** a. gustaron; b. eran; c. habían actuado; d. fue; e. pudo; f. habían pensado; g. aceptaron; h. acabó; i. pensó/había pensado. **3.** a. interpretó; b. Fue; c. era; d. se había inspirado. **4.** a. escribieron; b. fue; c. había ofrecido. **5.** a. se proyectó; b. había muerto; c. se emocionó; d. abandonó; e. se escondió; f. tenía; g. ponía.

2.4. **1.** entrada; **2.** palomitas; **3.** taquilla; **4.** fila/cola; **5.** butaca; **6.** pantalla.

2.5. **1.** g; **2.** h; **3.** e; **4.** a; **5.** c; **6.** d; **7.** b; **8.** f.

2.6. **1.** a. *Mar adentro*; b. Javier Bardem; c. Drama; d. Filmoteca. **2.** a. *Tesis*; b. Alejandro Amenábar; c. Suspense; d. Miércoles, 20.30 h. **3.** a. *Los otros*; b. Muy buena; c. Terror psicólogico. **4.** a. Muy buena; b. Drama histórico.

2.7 y 2.7.1. **1.** En el año 1953 no tenía la categoría de Festival Internacional y no se competía. Fue dos años después cuando empezaron a otorgarse los premios; **2.** El festival se celebra todos los años a finales de septiembre, no en octubre; **3.** Alfred Hitchcock estrenó dos películas en el festival, no tres: *Vértigo* y *Con la muerte en los talones*; **4.** El premio a la mejor película es la Concha de Oro; **5.** El premio al mejor actor y a la mejor actriz es la Concha de Plata.

2.8. **1.** c; **2.** b; **3.** b; **4.** a; **5.** c; **6.** a; **7.** c.

2.9. Respuesta abierta.

2.10. **1.** Richard Gere y Shilpa Shetty; **2.** Un acto contra el sida; **3.** Nueva Delhi; **4.** Estaban imitando una parte de la escena de la película *Shall we dance?* en la que se acaba con un beso en la mejilla; **5.** Fue una mala interpretación de las costumbres de la India, un malentendido cultural.

Unidad 3 Perfiles.com

3.1. Anécdota de Dalí: **1.** visitó; **2.** era; **3.** mostró; **4.** Abrió; **5.** dijo; **6.** comentó; **7.** volvió; **8.** interesaba; **9.** abrió; **10.** vio; **11.** tenía; **12.** exclamó; **13.** dijo. Anécdota de Einstein: **1.** empezaba/empezó; **2.** solicitaban/solicitaron; **3.** gustaba; **4.** resultaba; **5.** contrató; **6.** comentó; **7.** estaba; **8.** dijo; **9.** estuvo; **10.** intercambiaron; **11.** condujo; **12.** llegaron; **13.** conocía; **14.** descubrió; **15.** dio; **16.** conocía; **17.** hizo; **18.** sabía; **19.** contestó.

3.2. Persona 1: **1.** Estaba trabajando en un restaurante; **2.** Trabajó y se fue a casa a dormir. Persona 2: **1.** Estaba en una fiesta con unos amigos; **2.** Brindó con champán, comió las uvas, estuvo bebiendo copas y bailando hasta el amanecer. Persona 3: **1.** Estaba en casa de su hija mayor con toda la familia; **2.** Cenó con la familia, después de la cena estuvo/estuvieron charlando, contando anécdotas y jugó a las cartas hasta que se fue a dormir.

3.3. Respuesta abierta.

3.4. **1.** c; **2.** i; **3.** a; **4.** h; **5.** j; **6.** g; **7.** f; **8.** b; **9.** d; **10.** e.

3.5. **1.** a; **2.** a; **3.** a; **4.** b; **5.** b; **6.** c.

3.6. Poner: pon, no pongas; Decir: di, no digas; Venir: ven, no vengas; Empezar: empieza; no empieces; Pedir: pide, no pidas; Ir: ve, no vayas; Volver: vuelve, no vuelvas; Traer: trae, no traigas; Dormir: duerme, no duermas; Hacer: haz, no hagas; Calentar: calienta, no calientes; Contar: cuenta, no cuentes; Repetir: repite, no repitas; Ser: sé, no seas.

3.7. **1.** d; **2.** e; **3.** b; **4.** a; **5.** f; **6.** c.

3.7.1. **a.** la piques, córtala; **b.** usa, calienta, echa, échalos; **c.** Sustitúyelo; **d.** mételas; **e.** Pártelos, quítales; **f.** añádele.

3.8. **a.** haz, aplícala, retírala; **b.** lávalo, déjalo, aclara; **c.** pon, la pongas, Mantén, aplica; **d.** corta, ponla; **e.** tires, úsalos; **f.** añadas, úsala; **g.** mételas, las tires, échalas; **h.** tires, échalo, tíralo; **i.** corta, ponlo; **j.** llena, colócala; **k.** úntalos; **l.** llena, ponlo.

3.9. Respuesta abierta.

3.10. **1.** F; **2.** V; **3.** F; **4.** V; **5.** F; **6.** V.

3.11. Respuesta abierta.

Unidad 4 Alertas.com

4.1. deforestación, deshielo, inundación, sequía, incendio, gases invernadero.

4.2. **1.** dirás, dirá; **2.** ser: seré, seremos; **3.** sabré, sabrás, sabréis, sabrán; **4.** pondrá, pondremos, pondrán.

4.3. **1.** sufrirá; **2.** Habrá; **3.** hará; **4.** verá; **5.** lloverá; **6.** aumentará; **7.** irá; **8.** acabará; **9.** cambiará; **10.** producirá; **11.** deberá.

4.4. Respuesta abierta.

4.5. dirás, podrán, saldrás, haremos, querrás, habrá, vendremos, pondré, sabremos, tendréis.

4.6. **1.** dirás: decir; **2.** podrán: poder; **3.** saldrás: salir; **4.** haremos: hacer; **5.** querrás: querer; **6.** habrá: haber; **7.** vendremos: venir; **8.** pondré: poner; **9.** sabremos: saber; **10.** tendréis: tener.

4.7. **1.** la próxima semana; **2.** en los próximos dos años; **3.** el año que viene; **4.** dentro de unos veinte años; **5.** mañana; **6.** en el futuro.

4.8. Posible respuesta: **1.** Posiblemente en la ciudad del futuro no habrá contaminación; **2.** Probablemente las ciudades reciclarán el agua que consuman; **3.** Seguramente las ciudades tendrán edificios de cinco alturas como mucho; **4.** Posiblemente la electricidad se obtendrá de los paneles solares y los molinos de viento; **5.** Se cree que el transporte será público con trenes, tranvías y taxis eléctricos, no habrá coches; **6.** Se piensa que los residuos se reciclarán y eliminarán sin contaminar.

4.9. **Abastecer:** conseguir suministro de luz, gas, agua...; **Parques eólicos:** grandes extensiones de tierra en donde hay generadores eólicos, que aprovechan la energía del viento, y producen energía; **Abono:** lo que se utiliza para dar a la tierra sales minerales y nutrientes.

4.9.1. **1.** gases contaminantes; **2.** Reutilizando; **3.** renovables; **4.** trenes ligeros; **5.** pisos; **6.** parques eólicos; **7.** residuos; **8.** abono.

4.9.2. **1.** V; **2.** F; **3.** F; **4.** V; **5.** F.

4.10. **1.** la lavadora o el lavavajillas, ahorraremos; **2.** seremos personas cuidadosas; **3.** reutilizamos el papel; **4.** será mayor, estará frío; **5.** evitaremos el calentamiento; **6.** corremos las cortinas.

4.11. **1.** e; **2.** c; **3.** b; **4.** g; **5.** d; **6.** f; **7.** a; **8.** h.

4.11.1. Respuesta abierta.

4.12. Respuesta abierta.

4.13. **1.** marea negra; **2.** la desertización; **3.** reutilizables; **4.** reciclada; **5.** en peligro de extinción; **6.** se inundó; **7.** La recogida selectiva de basura; **8.** riega; **9.** paneles solares.

Unidad 5   Actualidad.com

5.1. HORIZONTALES: **1.** SUPLEMENTO; **2.** SECCIÓN; **3.** TELESPECTADOR; **4.** OYENTE; **5.** USUARIO; **6.** PORTADA. VERTICALES: **1.** LECTOR; **2.** ANUNCIO; **3.** LOCUTOR; **4.** TITULAR; **5.** REGISTRARSE; **6.** EDITORIAL; **7.** MANDO.

5.2. **1.** c; **2.** e; **3.** d; **4.** f; **5.** a; **6.** b.

5.2.1. **1.** e; **2.** g; **3.** j; **4.** l; **5.** i; **6.** h; **7.** a; **8.** f; **9.** k; **10.** b; **11.** c; **12.** d.

5.2.2. **a.** 2; **b.** 3; **c.** 4; **e.** 1.

5.2.3. **1.** f; **2.** d; **3.** e; **4.** c; **5.** a; **6.** b.

5.3. **1.** dejó de jugar; **2.** dejó de conducir, vuelva a hacerlo; **3.** empezó a nevar, sigue nevando; **4.** a punto de, solían hacer esto; **5.** ponte a leer el periódico.

5.4. **1.** Que estamos a punto de terminar con nuestros bosques; **2.** Que deberíamos dejar de hacer tantas fotocopias y de imprimir documentos; **3.** Solía leerlo todos los días; **4.** Empezó a leerlo porque estaba preocupado por el medioambiente; **5.** No, ha vuelto a comprar prensa impresa; **6.** Respuesta abierta.

5.5. Respuesta abierta.

5.6. **1.** c; **2.** e; **3.** d; **4.** a; **5.** b; **6.** f.

5.6.1. **Posible respuesta:** Miguel de Cervantes Saavedra nació el 29 de septiembre de 1547 en Alcalá de Henares. Su padre se llamaba Rodrigo de Cervantes y era cirujano. De su madre tenemos poca información, solo sabemos que se llamaba Leonor de Cortinas. Cervantes tuvo seis hermanos, y él no realizó estudios universitarios.
En 1551 la familia se trasladó a Valladolid, posteriormente, en 1553, se fue a Córdoba y, finalmente, se estableció en Sevilla.
En 1569 llegó a Roma y allí trabajó para el cardenal Giulio Acquaviva hasta que ocupó una plaza de soldado.
Más tarde, en 1571, participó en la batalla de Lepanto donde perdió la mano izquierda.
Cuando regresaba a España fue capturado por los turcos y estuvo cinco años cautivo. Aunque intentó escapar cuatro veces, no lo consiguió y finalmente los padres trinitarios pagaron 500 escudos para liberarlo. En diciembre de 1584 se casó con Catalina de Salazar, quien tenía 20 años, pero a los dos años se separaron. Ya antes de casarse había tenido una hija, Isabel de Saavedra, con una mujer casada.
En 1587 se trasladó a Sevilla y allí trabajó como cobrador de impuestos, pero fue a la cárcel cuando el banco para el que trabajaba se quedó sin dinero. Fue en la cárcel donde empezó a escribir *Don Quijote de la Mancha*. Murió el 23 de abril de 1616 en Madrid.

5.7. **1.** ¿Te has enterado de lo del; No, ¿qué ha pasado?; **2.** ¿Has visto las imágenes; **3.** ¿Sabías que; Ni idea, es la primera noticia que tengo; **4.** Nunca había visto.

5.8. Respuesta abierta.

5.9. **1.** titular; **2.** había estado; **3.** cementerio; **4.** oyente.

5.10. **1.** Déjame hablar un momento; **2.** ¿Has visto hoy el telediario?; **3.** ¿Te has enterado de lo de la nueva ley?; **4.** El otro día leí algo en Internet; **5.** ¿Qué ha pasado?; **6.** Nada. Que los piratas han secuestrado un barco; **7.** ¿Sabías que quieren suprimir la fiesta de los toros?; **8.** No, no me he enterado; **9.** Perdona, pero déjame terminar; **10.** Sí, vale, llevas razón, pero...; **11.** Nunca había visto un terremoto con unas consecuencias tan terribles.

1 UNIDAD 1. Inicio.com

[1] Tras la Ley de Televisión Privada se crearon las cadenas privadas Telecinco, Antena 3, Canal + y las autonómicas, en 1990. A mediados de la primera década del siglo XXI nacieron otras dos cadenas privadas llamadas Cuatro y La Sexta. Con la aparición de la plataforma digital Vía Digital y más tarde el Canal 24 Horas, la televisión española cuenta con muchos canales temáticos: cine, noticias, deportes, etc. En el consejo de ministros del 29 de julio de 2005 se aprobó la fecha (3 de abril de 2010) a partir de la cual todas las emisiones de televisión terrestres debían ser digitales.

La prensa española tal y como la conocemos hoy empezó en 1881 con un periódico catalán: *La Vanguardia*, que todavía existe. El segundo periódico que apareció, esta vez de ámbito nacional, fue el *ABC* en 1903.

Después de la transición democrática aparecieron nuevos periódicos como *El País* (1976) y *El Mundo* (1989) o *La Razón* (1998).

La prensa ha entrado últimamente en decadencia a causa, en primer lugar, de la generalización de Internet y de la prensa electrónica y, en segundo lugar, del aumento de una prensa gratuita (*20 minutos*, *ADN*, *Metro*, *Qué!*) que se reparte en la calle.

Como consecuencia de la pérdida de lectores, los periódicos ofrecen promociones diarias como libros, discos, DVD, etc., con la compra del periódico.

La primera emisión de un programa de radio en España fue en 1924. Actualmente, en España, las cadenas radiofónicas con más número de oyentes son: la SER (Sociedad Española de Radiodifusión), Onda Cero, RNE (Radio Nacional de España) y la COPE (Cadena de Ondas Populares Españolas). De ellas, solamente RNE es pública, mientras que el resto son privadas. Otras emisoras públicas son las autonómicas, que dependen de los gobiernos autonómicos, y las municipales, que dependen de los ayuntamientos.

España se conectó por primera vez a Internet en 1985. Los cibercafés, tan populares en la actualidad, aparecieron en 1994, época en la que muy pocos ciudadanos sabían qué era la red.

Actualmente un tercio de los hogares españoles dispone de conexión a Internet, aunque su acceso sigue siendo uno de los más caros y lentos de la Unión Europea.

2 UNIDAD 2. Cartelera.com

[2] Hitchcock tardó una semana en rodar una escena de *Los pájaros*. Tippi Hedren fue atacada por muchos pájaros y sufrió una crisis nerviosa que la llevó al hospital. Otra curiosidad es que Hitchcock no puso el tradicional "The End" para transmitir la sensación de que el horror no había terminado.

[3]

Lorena: Oye, Araceli, ¿te apetece venir al cine conmigo esta tarde?

Araceli: Vale, hace mucho que no voy. Y, ¿qué podemos ver?

Lorena: ¿Qué te parece *La caja Kovak*?

Araceli: No sé, ¿de qué va?

Lorena: Es de un escritor que va a una isla para dar una conferencia y de repente se ve mezclado en la historia de uno de sus libros.

Araceli: Uhm... Suena bien... ¿De qué género es?

Lorena: Pues es de suspense, es un *thriller*.

Araceli: Así estaremos bien despiertas durante toda la peli. ¿De quién es?

Lorena: De Daniel Monzón.

Araceli: ¡Ah!, Monzón, también es crítico de cine, ¿no?

Lorena: Sí. Vamos a buscar información en cineadistancia.cab.

Araceli: Mira a ver quién sale.

Lorena: Eso no me hace falta mirarlo, los protagonistas son Timothy Hutton y Lucía Jiménez.

Araceli: La verdad es que no conozco mucho a esos actores... Pero, ¿está en versión original o en español?

Lorena: La podemos ver en versión original o doblada.

Araceli: Prefiero versión original, mira dónde la ponen.

Lorena: Está en los Renoir, en la sala 3.
Araceli: Vale, está aquí cerca. ¿A qué hora la echan?
Lorena: Podemos ir a las 18.00 o a las 20.15.
Araceli: Por mí, vamos a las seis. Pero, espera, ¿qué crítica tiene?

Lorena: Bueno, según esta página es buena, tiene tres estrellas.
Araceli: Vale, pues vemos la *La caja Kovak*.

[4]

Oyente 1: Desde luego *El Gran dictador* es una gran película, todo un clásico, realmente genial.
Oyente 2: *La muerte de un ciclista* es una película muy triste, pero realmente emocionante. Un clásico del cine español.
Oyente 3: Me parece que *Doctor Zhivago* es una película muy aburrida y lenta. Aunque a mi madre le encanta.
Oyente 4: Hola, yo creo que *El gran dictador* es una obra maestra, trata el tema de la Primera Guerra Mundial de una forma divertida e irónica.
Oyente 5: Llamo para votar por la mejor película de la historia: *Con faldas y a lo loco*. Me parece muy divertida. Nunca me canso de verla, me río un montón con Jack Lemmon y Tony Curtis. Realmente buena.
Oyente 6: Yo voto por *Doctor Zhivago*, porque es una película muy bonita, emocionante y realista. Ah, y soy la madre de la que ha llamado antes.
Oyente 7: Pues a mí, *Con faldas y a lo loco* me parece una película excelente, además de entretenida, y el final... es buenísimo.
Oyente 8: Tengo que confesar que no soy una experta en cine, pero para mí *Los siete samuráis* es muy larga y aburrida, incluso creo que es mala.

3 Unidad 3. Perfiles.com

[5]

Felipe González en esa época era el secretario general del PSOE, tenía 33 años y ese día estaba en París en una reunión con algunos políticos socialistas y comunistas. Ese mismo día cogió un avión a las 8 de la mañana, llegó a Madrid a las 10 de la noche y se acostó. Durmió perfectamente.

Juan Luis Cebrián era entonces director adjunto del periódico *Informaciones*. La muerte de Franco no le sorprendió. Desde que cayó enfermo, todo el mundo estaba ya preparado y hacían guardia en el despacho.

Carmen Alborch era profesora de la facultad de Derecho. Se enteró de la noticia porque sus colegas la llamaron por teléfono. Recuerda que algunos de sus amigos decidieron esconderse por algún tiempo. Eran de izquierdas y tenían miedo.

Manuel Fraga estaba de embajador en Londres. Recibió la noticia de la gravedad de la enfermedad de Franco y volvió inmediatamente a España. El 18 de noviembre fue a visitarlo al Hospital La Paz, y fue el último contacto que tuvo con él.

José Luis Rodríguez Zapatero, presidente de España en la actualidad, tenía en aquella época 15 años. Estaba durmiendo cuando le despertó su padre con la noticia, entendió perfectamente lo que significaba aquello y se levantó inmediatamente.

El escritor Juan Marsé, junto con otros escritores, fueron a la coctelería barcelonesa Boadas. El bar estaba lleno de gente, sin embargo reinaban el silencio y las miradas.

[6]

Conversación 1
► ¿Quién quiere más ensalada? Venga, que hay que terminarla.
► Está muy buena, pero yo no puedo más, estoy lleno de verdad.
► Venga, Luis, termínala tú, toma, que queda poco.
► Bueno, pero toda no, échame poco.

Conversación 2
► Hola, ¡qué guapa estás! ¿Te has hecho algo en el pelo?
► No, nada especial, la verdad es que me lo tengo que cortar.

Etapa 6

Conversación 3
► Oye, ¡qué bueno está esto! ¿Cómo lo has hecho?
► Pues nada, he cogido la receta de Simone Ortega. Es muy fácil: pones...

Conversación 4
Ring, Ring...
► Luis, oye, te llamo para recordarte que el viernes hay cena en mi casa.
► Sí, sí, me acuerdo. Oye, ¿y qué llevo?
► Pues... comida hay suficiente, así que, si quieres, trae cerveza.

Conversación 5
► ¿Hay más cerveza?
► Sí, en el frigorífico.
► Vale, voy a por ella.

Conversación 6
► Yo ya me voy, que estoy muy cansada.
► Venga, quédate un poco más, total, es un día. Mañana no madrugas.
► No, de verdad, que mañana no quiero levantarme muy tarde. Tengo que hacer muchas cosas.
► Como quieras.
► Muchas gracias por la cena, la próxima en mi casa, ¿vale?
► Venga, a ver si es verdad y nos vemos otro día. Descansa.

Conversación 7
► Mm... ¡Qué rico el queso! ¿De dónde es?
► Lo he comprado en una tienda nueva que hay al lado de mi trabajo. Es de cabra.
► El otro día me trajeron uno de Cabrales que estaba para morirse.

Conversación 8
► ¿Quién quiere café?
► Yo, espera, que te ayudo.
► Yo también, vamos a recoger esto.

Conversación 9
► El viernes hemos quedado en tu casa, ¿verdad?
► Sí, sí, a partir de las 21.00.
► Vale, yo llevo algo de postre.
► Como quieras.

Conversación 10
► Pásame el pollo, anda, que quiero un poquito más.
► Toma, te ha gustado, ¿eh?
► Sí, está buenísimo.

4 UNIDAD 4. Alertas.com

[7] El calentamiento de la Tierra es algo que preocupa a todo el mundo porque traerá consecuencias graves a corto y largo plazo.

En el futuro, se piensa que en países del sur de Europa habrá menos lluvias y posiblemente hará más calor, por eso las épocas de sequía serán mucho más largas. Dentro de unos cincuenta años, algunos lugares seguramente se desertizarán y la tierra no podrá producir alimentos. Como consecuencia, algunas personas tendrán hambre y los animales en peligro de extinción probablemente morirán, porque además el agua potable seguramente será un lujo.

El calor tendrá otras consecuencias. Por un lado, el aumento de incendios en los bosques, unido a que cada vez se cortan más árboles para hacer muebles, provocará la deforestación de nuestras zonas verdes. Por otro lado, se cree que dentro de unos 30 años en los polos desaparecerá el hielo y subirá el nivel del mar.

El clima del planeta cambiará radicalmente en poco tiempo, si no lo remediamos: en unas estaciones habrá mucha sequía y en otras lloverá muchísimo y con mucha fuerza. Estas lluvias harán que algunas poblaciones se inunden y queden debajo del agua.

La emisión de gases de efecto invernadero será tan alta que tendremos que usar mascarillas para andar por las ciudades e incluso por el campo.

Las predicciones para nuestro futuro son bastante pesimistas, pero no todo está perdido...

[8]

► Mirad esta foto de la tierra seca, ¡qué impresionante!, ¿no? Nuestro país seguramente será así dentro de no muchos años. Es necesario hacer algo urgentemente.

► Pues sí, yo creo que en los próximos años la gente tendrá una mejor educación medioambiental y podremos poner soluciones. Por ejemplo, si regamos con aguas recicladas nuestros parques, ahorraremos una gran cantidad de agua potable.

▷ Llevas razón, Adrián, y también si utilizamos el transporte público y la bici, reduciremos los gases invernadero.

► Oye, ¿sabéis que una vaca en un día puede contaminar tanto como un coche en 50 kilómetros?

► ¿De verdad? No lo sabía. ¡Qué fuerte!

▷ Sí, es cierto, yo he visto un reportaje en la tele que hablaba de este tema. Fijaos: si comemos menos carne, los animales estarán mejor cuidados y contaminarán menos.

► Podemos hacer pequeñas cosas que no cuestan mucho, por ejemplo, si apagamos las luces que no necesitamos, reduciremos el gasto energético.

► Yo también lo creo, todos somos responsables del problema. Otra cosa muy fácil es tener en casa diferentes cubos para la basura. Si reciclamos los envases, el papel y el cristal, estos materiales se podrán reutilizar y así no agotaremos los recursos de la Tierra.

▷ Se me ocurre que podemos evitar consumir productos envasados con plástico: si llevamos bolsas de tela cuando hacemos la compra, gastaremos menos plástico, que es muy contaminante.

► Hay que volver a las tradiciones, si compramos productos frescos sin envoltorio, evitaremos la producción de tantos envases.

► Pienso que tenemos que empezar ya a buscar soluciones. Si no lo hacemos, las futuras generaciones vivirán en un mundo terrible y con pocos recursos naturales.

► y ▷ Estamos totalmente de acuerdo contigo.

[9]

Cuenta el abuelo que, de niño, él jugó
entre árboles y risas y alcatraces de color.
Recuerda un río transparente y sin olor,
donde abundaban peces, no sufrían ni un dolor.
Cuenta el abuelo de un cielo muy azul,
en donde voló papalotes que él mismo construyó.
El tiempo pasó y nuestro viejo ya murió
y hoy me pregunté después de tanta destrucción:
¿Dónde diablos jugarán los pobres niños?
¡Ay, ay, ay! En dónde jugarán.
Se está pudriendo el mundo, ya no hay lugar.
La tierra está a punto de partirse en dos.
El cielo ya se ha roto, ya se ha roto el llanto gris.
La mar vomita ríos de aceite sin cesar.
Y hoy me pregunté después de tanta destrucción:
¿Dónde diablos jugarán los pobres niños?
¡Ay, ay, ay! En dónde jugarán.
Se está pudriendo el mundo, ya no hay lugar.
¿Dónde diablos jugarán los pobres nenes?
¡Ay, ay, ay! En dónde jugarán.
Se está partiendo el mundo, ya no hay lugar.

5 UNIDAD 5. Actualidad.com

[10]

Las fuertes lluvias en España inundan varias ciudades.
El temporal de viento, lluvia y granizo de la semana pasada causó grandes inundaciones. En un barrio de Madrid varias casas bajas quedaron totalmente cubiertas por el agua. El martes se rompió una tubería que provocó la inundación de unas 60 casas bajas y unas 30 tiendas. Ayer los vecinos de la calle Antonio López trabajaban en la limpieza del agua y el barro.

Nivel B1.1

"El barro salía por el váter, la bañera, el lavabo, la lavadora… Entraba por cualquier agujero que encontraba y en menos de 15 minutos toda la casa se inundó".

María González describía así lo que pasó en su casa el martes después de la tormenta.

Ayer por la mañana seguía limpiando su vivienda, que estaba totalmente cubierta por el barro.

[11]

a

► ¿Has visto las imágenes de la tormenta?

► Sí, qué fuerte, ¿no? Nunca había visto llover de esa manera.

► Es verdad, pobres vecinos, seguro que se llevaron un susto muy grande.

► Desde luego.

b

► ¿Sabías que Shakespeare había escrito una obra de teatro de uno de los personajes del *Quijote*?

► Ni idea, es la primera noticia que tengo.

► Sí, y se titula *Cardenio*.

► ¿Y tú cómo lo sabes?

► Es que lo he leído esta mañana en Actualidad.com.

c

► ¿Te has enterado de lo de la vacuna contra la cocaína?

► No, ¿qué es eso?

► Pues nada, que están investigando a ver si funciona una vacuna para que no se produzcan los efectos secundarios del consumo de la cocaína.

► Ah, pues si funciona, es muy interesante.

d

► Tío, ¡qué fuerte! ¿Has visto en Actualidad.com que un brasileño apareció en su propio entierro?

► No, ¿qué ha pasado?

► No, nada, una confusión en la identificación del cadáver. El supuesto muerto apareció en su entierro y todos se quedaron sorprendidos.

► No me extraña.

e

► Me imagino que has leído la noticia sobre el nuevo caso de doping.

► Sí, por supuesto. Últimamente siempre hay alguna sospecha sobre los mejores corredores del *Tour* de Francia.

► Yo creo que en gran parte se debe a que las leyes antidopaje cada vez son más estrictas.

► Desde luego, y también es importante el avance en alimentación y medicina.

Unidad 1. Inicio.com

[12]

Locutor: Estamos con Sara Lezcano, una mujer a la que le encanta el cine y a la que le haremos unas preguntas relacionadas con los festivales más importantes. Si contesta a seis preguntas correctamente, le regalaremos un billete y una noche de hotel para el próximo Festival de Cannes. Empezamos. ¿Qué película recibió el primer premio Coral?

Sara: *Kamchatka*.

Locutor: No, lo sentimos, esa película se llevó el tercero. El primero lo recibió *Suit Habana*, de Fernando Pérez. ¿En qué año se inauguró el Festival de Venecia?

Sara: No recuerdo muy bien, pero sé que fue en los años treinta.

Locutor: Necesitamos la fecha exacta.

Sara: No me acuerdo.

Locutor: 1932.

Sara: Es verdad.

Locutor: ¿Es cierto que el premio al mejor actor en el Festival de Venecia es el Oso de Oro?

Sara: Qué va, ese es el premio a la mejor película, el de los actores se llama Copa Volpi.

Locutor: Bien. ¿Algún año no se ha podido celebrar el Festival de Cannes?

Sara: Sí, dos años no se pudo celebrar por problemas financieros.

Locutor: Perfecto. ¿Puedes decirme un director español que haya ganado el Oso de Oro en el Festival de Berlín?

Sara: Pues ahora me acuerdo de *La Colmena*, de Camus, en 1983.

Locutor: Eso es. ¿Qué película abrió el primer Festival de Berlín?

Sara: Fue *Los Pájaros*, del maestro del suspense.

Locutor: ¡Qué pena! Sí, fue una de Hitchcock, pero fue *Rebeca*. ¿Qué es la Concha de Oro?

Sara: Es el premio que se entrega en San Sebastián a la mejor película, pero también está el premio a toda una vida cinematográfica, que se llama Donostia.

Locutor: ¿Y dónde se celebra?

Sara: En el Kursaal, que está muy cerca del hotel donde se aloja la mayoría de los actores, el María Cristina.

Locutor: ¿Sabes cuál es la película más premiada en los Oscar?

Sara: Sin duda, *Titanic*, y te cuento que la actriz mayor de la película, Gloria Stuart, ha sido la actriz más anciana que ha recibido el premio en la historia del festival.

Locutor: Y por último: ¿qué festival es el más reciente?

Sara: Pues, mira, el más antiguo es el de Hollywood, los europeos son de los años treinta y cincuenta y el de Cuba es de los setenta. Para ser exactos, el Festival de La Habana se inauguró en 1979.

Locutor: Perfecto, y enhorabuena, porque has conseguido el premio.

Sara: Muchísimas gracias.

[13]

Pablo: Papá, tengo que hacer un trabajo sobre los medios de comunicación españoles. ¿Me ayudas?

Padre: Claro, dime.

Pablo: ¿Cuáles son los periódicos más importantes?

Padre: Bueno, aunque el que tiene más tirada es el *Marca*, creo que los más famosos son *El País*, *El Mundo*, *ABC*, *La Vanguardia* y, el más reciente, *El Público*.

Pablo: ¿Suelen tener suplemento?

Padre: Sí, normalmente sí, todos los domingos, pero hay algunos periódicos que los sacan otros días.

Pablo: ¿Hay periódicos gratuitos?

Etapa 6

Nivel B1.I

Padre: Sí, llevan más o menos unos diez años y te los dan a la salida del metro. Los más conocidos son *20 minutos*, *ADN* y *Qué!*

Pablo: Vale, ¿y las cadenas privadas de televisión, a qué grupo pertenecen?

Padre: A ver, déjame pensar: Antena 3, al Grupo Antena 3; Telecinco, a Mediaset y, Canal Plus, al grupo PRISA.

Pablo: Pero cuando tú eras pequeño, no había, ¿no?

Padre: ¡Qué va! Las privadas empezaron a retransmitir en 1989.

Pablo: ¿Y sabes cuántas emisoras hay?

Padre: Muchísimas, pero te voy a decir las más escuchadas: Cadena SER, Los 40, M80, Europa FM, la COPE, Kiss FM...

Pablo: Todas tienen programas de música, ¿no?

Padre: Sí, las que te he dicho sí, pero, por ejemplo, Radio 5, que es la que yo escucho normalmente, es solo de noticias.

Pablo: Y para terminar, ¿en España hay mucha gente que tiene Internet?

Padre: Esto no lo sé, pero lo podemos buscar. Mira, aquí dice que el 40% de las familias españolas tiene Internet en casa.

Pablo: Gracias, papá, con esta información ya puedo hacer el trabajo.

2 UNIDAD 2. Cartelera.com

[14]

Ring, Ring...

► ¿Sí?
► Hola, ¿qué tal?
► Bien, bien, dime...
► Pues, te llamaba para ver si quieres ir al cine esta semana, están poniendo un ciclo de películas del director Alejandro Amenábar.
► ¿No me digas? ¿Y dónde las ponen?
► Pues las ponen todas en la Filmoteca, durante toda la semana.
► Pues, sí me gustaría, pero, oye, ¿tienes el programa?
► Sí, sí que lo tengo. A ver, si quieres, te cuento... El lunes y el martes ponen *Mar adentro*, a las seis y media. ¿La has visto?
► La verdad es que no, solo sé que es un drama sobre la vida de un hombre tetrapléjico y que sale Javier Bardem, el protagonista, ¿no?
► Eso es. ¿Quieres verla?
► Me parece bien, pero... ¿Qué otras películas ponen? Podemos ir más días.
► Claro, claro. Pues mira, el miércoles echan *Tesis*.

► *¡Tesis!* Me encanta, me gustan mucho las películas de suspense; y... ¿a qué hora la ponen?
► A las ocho y media.
► Ay, no puedo, el miércoles salgo de trabajar muy tarde. ¿Y el jueves? ¿Qué ponen?
► Mira, el jueves y el viernes echan *Los otros*.
► Ya, pero esa es de terror psicológico y, la verdad, no me gusta mucho ese género; además, ¿qué crítica tiene?
► Pues dicen que es muy buena.
► No sé, no sé, mejor vemos otra.
► ¿Qué te parece *Ágora*? Dicen las críticas que es muy buena. ¿Sabes algo de ella?
► No, nada. ¿De qué trata?
► Pues verás, es un drama histórico y trata de la vida de una astrónoma y filósofa, Hipatia, y de la destrucción de la biblioteca de Alejandría en el siglo IV antes de Cristo.
► Parece interesante, ¿cuándo la echan?
► Pues, esta, el viernes a las 20.30.
► Genial, y después nos podemos ir a tomar una copita y...

[15]

► Buenas tardes, tenemos esta tarde a uno de los organizadores del Festival de Cine de San Sebastián.
► Buenas tardes.
► Queríamos hacerte algunas preguntas sobre este famoso festival, para empezar: ¿desde cuándo se celebra?

► Pues, mira, la primera vez fue en el año 1953, pero entonces no tenía la categoría de Festival Internacional y no se competía. Fue dos años después cuando empezaron a otorgarse los premios.
► Pues eso no lo sabía. Y, ¿cuándo se celebra este festival?
► Pues todos los años, a finales de septiembre.

▶ Ajá, e imagino que habrán pasado cosas interesantísimas y que muchas estrellas internacionales habrán pasado por el festival.

▶ Pues sí, de todo; mira, Alfred Hitchcock estrenó aquí dos de sus películas: *Vértigo* y *Con la muerte en los talones*. Y muchas estrellas internacionales han venido al festival, te puedo decir algunas: Bette Davis, Glenn Ford, Elisabeth Taylor, Audrey Hepburn, Robert de Niro, Al Pacino, Tim Burton, Quentin Tarantino, Brad Pitt, Woody Allen. ¡Buf! ¡Toda una constelación!

▶ Impresionante. Bueno, y la última pregunta: ¿cuál es el premio por el que se compite?

▶ Pues para la sección oficial se premia a la mejor película con la Concha de Oro y, al mejor director, al mejor actor y a la mejor actriz con la Concha de Plata. Y bueno, luego hay más premios y las secciones no oficiales.

▶ Muy bien, pues muchas gracias por venir y contestar a nuestras preguntas.

▶ Muchas gracias a vosotros y hasta pronto.

3 UNIDAD 3. Perfiles.com

[16]

Persona 1

▶ ¿Y cómo viviste tú el cambio de milenio?

▶ Pues, la verdad, es que para mí fue un día más. Recuerdo que ese día estaba trabajando en el restaurante, soy metre, ¿sabes? Y ese día, pues… claro, estaba lleno. Bueno, cuando dieron las doce, sí que brindé con champán con mis compañeros de trabajo y seguimos trabajando, ese día tuvimos muchísimo trabajo, como podrás imaginar. Terminamos muy tarde y como estaba agotado, me fui a casa a dormir.

Persona 2

▶ ¿Recuerdas qué hiciste en el cambio de milenio?

▶ Claro, cómo lo voy a olvidar, fue una noche espectacular. Recuerdo que estaba con todos mis amigos en una fiesta, en la que hubo fuegos artificiales y todo. Primero cenamos, una cena deliciosa; cuando dieron las doce, brindamos con un champán francés buenísimo y, por supuesto, comimos las doce uvas, por eso de la suerte. Luego estuvimos bebiendo copas y bailando hasta el amanecer. ¡Una noche inolvidable!

Persona 3

▶ ¿Recuerda usted dónde estaba la noche de cambio de milenio y qué hizo?

▶ ¡Uy! Por supuesto que me acuerdo, estábamos toda la familia alterada, pensando que algo extraordinario iba a pasar, claro que no sucedió nada. Esa noche estaba en casa de mi hija la mayor, siempre nos juntamos allí los días importantes, su casa es la más grande de todas y como somos muchos… Bueno, pues cenamos toda la familia junta. Después de las campanadas, los más jóvenes se fueron de fiesta con los amigos y los mayores como yo, estuvimos charlando, contamos anécdotas del pasado, ¡ah!, y jugamos a las cartas hasta que nos fuimos a dormir. Al final fue una Nochevieja como las otras.

[17]

Entrevistador:	Hola, Zoe. Eres española, ¿verdad?
Zoe:	Hola. Sí, sí que lo soy.
Entrevistador:	Mira, es que estamos haciendo unas preguntas sobre comportamientos y hábitos de los españoles en reuniones informales. ¿Te importa?
Zoe:	No, claro, pregunta.
Entrevistador:	A ver, si una amiga te llama para ir a una cena a su casa, ¿qué le dices?
Zoe:	Pues normalmente, acepto, le doy las gracias y le pregunto qué llevo.
Entrevistador:	Claro, y, ¿eres puntual?
Zoe:	Sí, sí, siempre llego puntual, como mucho, diez minutos más tarde. En las cenas y comidas no está bien que los demás esperen.
Entrevistador:	Normal, y… bueno… cuéntanos un poco cómo transcurre una cena entre amigos.
Zoe:	Pues no sé… Cuando estamos todos sentados a la mesa, charlamos, bueno y, sobre todo, decimos lo buena que está la comida, porque a la persona que cocina siempre le gusta

ser elogiado, ¿no? y no sé por qué, siempre terminamos hablando de recetas de cocina, que si cómo se hace esto, cómo se cocina lo otro...

Entrevistador: Sí, siempre pasa, hablar de comida mientras se come, je, je. Oye, ¿y si quieres repetir algún plato?

Zoe: Pues siempre pregunto si puedo coger un poco más, aunque antes de servirme en el plato, ofrezco primero a las otras personas, no quiero parecer una egoísta muerta de hambre.

Entrevistador: Ya. ¿Y son muy largas esas reuniones?

Zoe: Sí, mucho, generalmente. Después de comer está la sobremesa, ya sabes, el momento del café, de los licores, de la charla y, a veces, de los juegos de mesa.

Entrevistador: ¿Sí? Y si te tienes que ir pronto, ¿qué dices?

Zoe: Pues en ese caso, me despido de todos y doy una explicación de por qué me voy tan pronto, es que si no lo haces queda un poco feo, ¿sabes? ¡Ah! Y generalmente, al despedirme, le doy las gracias a la persona que me invita y le propongo hacer una cena en mi casa otro día.

Entrevistador: Muy bien, Zoe, pues esto es todo. Muchas gracias.

Zoe: De nada.

4 UNIDAD 4. Alertas.com

[18]

Adivino: A ver, veamos qué nos dice la bola de cristal, de momento está un poco oscura, pero ahora parece que se va aclarando. Sí, veo que acabas de salir de una relación difícil, ¿es así?

Cliente: Sí, prefiero no hablar de ello, ahora quiero cambiar mi vida radicalmente.

Adivino: Efectivamente, habrá cambios muy pronto, la próxima semana cambiarás de coche porque el tuyo se estropeará y no tendrá arreglo.

Cliente: Vaya, ¡con lo mal que estoy de dinero!

Adivino: Aquí hay más, en los próximos dos años conocerás a alguien que será muy importante en tu vida y te ayudará mucho, veo una relación muy fuerte aquí.

Cliente: ¿Y...?

Adivino: El año que viene harás un viaje a África y sufrirás una enfermedad bastante grave, pero te curarás y volverás a tu país.

Cliente: Dime algo bueno, por favor.

Adivino: Claro que hay cosas buenas; veo mucho dinero, dentro de unos veinte años tendrás una casa enorme con jardín y piscina. Serás respetado y querido. Dirigirás una empresa con bastantes trabajadores a tu cargo.

Cliente: ¡Tanto tiempo tiene que pasar hasta eso!

Adivino: Hay algo más, veo mucha agua en tu casa. Sí, mañana se inundará tu piso, pero el seguro te pagará los desperfectos y podrás arreglar todo sin problemas.

Cliente: Bueno, creo que ya he tenido bastante. Me voy a evitar la inundación de mi casa.

Adivino: Y la última cosa es que en el futuro volverás a venir para saber más sobre tu vida.

Cliente: No creo. Adiós.

[19]

Entrevistador: Hoy tenemos con nosotros a Carlos Garza, presidente de la asociación WWF/Adena. Buenos días, Carlos. ¿Puede contar a nuestros oyentes a qué se dedica su asociación?

Carlos: Buenos días. Pues Adena es una asociación sin ánimo de lucro que lucha por el medioambiente. Nuestra principal preocupación en la actualidad es frenar el cambio climático y estamos realizando diferentes llamamientos para informar a los ciudadanos y animarles a que participen en nuestra lucha.

Entrevistador: Sí, creo que hoy están instalados en la Plaza Mayor y durante todo el día darán folletos informativos a todo el que se acerque, ¿no?

Carlos: Efectivamente, allí estaremos y esperamos que vaya mucha gente, porque sabemos que a todos nos preocupa este tema; nuestro futuro y el de nuestros hijos está en juego.

Entrevistador: Nosotros sabemos que por lo menos a nuestros oyentes les preocupa mucho el problema del cambio climático, hemos recibido muchos correos electrónicos pidiendo información sobre lo que se puede hacer para frenarlo. Carlos, usted es la persona mejor indicada para dar algunos consejos a todos los interesados. ¿Qué podemos hacer nosotros en el día a día?

Carlos: Bien, el problema fundamental es que debemos reducir las emisiones de CO_2, y esto lo podemos hacer de dos maneras: utilizando mejor la energía y produciéndola de forma más limpia con energías renovables. Todos nosotros, como ciudadanos, podemos contribuir a utilizar mejor la energía de forma muy simple. Por ejemplo, en casa, con los electrodomésticos: si ponemos la lavadora o el lavavajillas al máximo de su capacidad y a baja temperatura, ahorraremos energía y la ropa nos durará más.

Entrevistador: Es verdad que con cosas muy sencillas podemos ayudar a frenar este problema. Díganos, Carlos, ¿qué se puede hacer en la oficina, por ejemplo?

Carlos: Si apagamos el ordenador y la pantalla durante la comida y al final del día, seremos personas cuidadosas con el medioambiente. Además, si reciclamos y reutilizamos el papel, evitaremos la deforestación.

Por otro lado, el tema del coche también es muy importante. Estamos acostumbrados a coger el coche para ir a todas partes y tenemos que intentar andar más, ya que si con el coche se realizan trayectos de menos de 3 km, la contaminación será mayor, porque el motor estará frío.

Entrevistador: Otro oyente nos pregunta por lo que podemos hacer en casa además de usar bombillas de bajo consumo.

Carlos: Este punto es muy importante, porque a veces gastamos demasiada energía con el aire acondicionado o la calefacción. Para evitarlo, en verano, si cerramos las persianas y corremos las cortinas, evitaremos el calentamiento de la casa.

En invierno, si durante la noche bajamos las persianas y corremos las cortinas, mantendremos el calor.

Entrevistador: Han sido muy interesantes sus consejos, esperamos que, con estas pequeñas acciones, todos contribuyamos a evitar el cambio climático. Muchas gracias por su presencia en el programa y buenos días.

Carlos: Gracias a vosotros por invitarme y recuerdo a todos los interesados que hoy estaremos durante todo el día en la Plaza Mayor, os esperamos allí.

[20]

1
► Cuando haces la compra, ¿siempre pides bolsas de plástico? ¿Te bañas todos los días en lugar de ducharte? ¿Vas en coche a todas partes?
► Piensa que la Tierra no puede sola, te necesita. Si te amas a ti mismo, salva tu planeta.

2
► Bosques que se queman, mares que se llenan de petróleo, tierra que se seca...
► Tu planeta te necesita, ayúdalo.

3
► Los pequeños gestos consiguen grandes cosas: ve en transporte público, cierra el grifo, lleva bolsa de tela a la compra.
► Protege el mundo, la tierra y tus hijos te lo agradecerán.

4
► Los plásticos al contenedor amarillo, pon el vidrio en el contenedor verde y el papel en el azul.

► Porque un planeta limpio es trabajo de todos, haz tu parte. Recicla correctamente.

5
► En España tenemos quince parques nacionales donde viven algunas especies en peligro de extinción. Cualquier acción que haga daño a las plantas o animales de estos espacios tiene consecuencias muy negativas en ellos.
► El futuro de nuestro planeta está en tus manos, cuídalo.

6
► Oye, ¿por qué no vamos andando al cine? Así hacemos ejercicio y contaminamos menos.
► No, yo voy en coche.
► Venga, que solo son quince minutos.
► Ya, pero es más cómodo el coche y además a la vuelta estaremos cansadas y no querremos andar.
► Pues yo me voy andando.
► Si quieres seguir respirando aire limpio, di no a la contaminación.

Etapa 6

7

► En España hay unos 20 000 incendios al año y en el 96% de los casos el hombre es el responsable.

► Si perdemos los árboles, lo perdemos todo. No quemes tu futuro. Apaga el fuego.

5 UNIDAD 5. Actualidad.com ·····································

[21]

1

El empleado de 38 años consiguió robar el listado con la ayuda de un cómplice libanés. Al parecer, intentaron vender el listado en Líbano, pero las autoridades del banco alertaron a la policía y esta detuvo al informático y se quedó con su ordenador portátil, su móvil y un cuaderno del que no se separaba nunca.

2

El suceso tuvo lugar sobre las 6.30 horas de la madrugada cuando la Guardia Civil recibió una llamada alertando de que un vehículo circulaba en sentido contrario hacia Cartagena. La Guardia Civil interceptó el vehículo a la altura de San Javier y detuvo a su conductor, que viajaba en un Renault Clio.

3

El primer temporal de frío, viento y nieve ha puesto hoy en alerta a treinta y cuatro provincias. El frente ha cubierto de blanco parte de la Península, sobre todo la mitad oriental y el norte. La mayor parte de España no ha superado los 10 grados centígrados de temperatura.

4

Uno de ellos es Rafa Nadal, que ha encabezado durante varios meses esa clasificación, desbancando a Roger Federer y, además, Fernando Verdasco se ha convertido en un habitual de las rondas finales de los torneos más importantes.

[22]

► Hola, buenas tardes, ayer propusimos una encuesta a nuestros radio oyentes. Después de leer el último informe medioambiental en el que se dice que estamos a punto de terminar con nuestros bosques, pensamos que era buena idea lanzar la siguiente pregunta: ¿deberíamos suprimir los periódicos en formato papel y dejar solo los digitales? Y hoy vamos a escuchar sus respuestas. A ver, el primer mensaje en nuestro contestador…

► Hola, soy Rodrigo. Yo lo que pienso es que deberíamos dejar de hacer tantas fotocopias y de imprimir documentos que luego van a la basura. Esta es mi opinión. Adiós.

► Bueno, parece que Rodrigo no está de acuerdo con nuestra propuesta. Vamos con la segunda opinión.

► Buenos días. Aquí, Elena. A mí me parece muy bien. Yo solía leer todos los días el periódico y acumulaba un montón de papel inútil, ahora lo sigo leyendo a diario en Internet y estoy igualmente informada.

► Gracias, Elena, por darnos tu apoyo.

► En mi caso yo empecé a leer el periódico digital pues… por esto de, de la ecología, ¿no?, pero me dolían mucho los ojos y echaba de menos irme a una cafetería y sentarme a leer el periódico mientras tomaba café, así que volví a la prensa en papel y… pues, mucho mejor. ¡Ah! Soy Pepe.

► No sé si tenemos alguna opinión más…

[23]

Un turista alemán de 58 años fue detenido en el aeropuerto de Christchurch, en Nueva Zelanda, cuando intentaba salir del país con 44 ejemplares de siete especies protegidas de lagartos. Llevaba a los animales guardados en su ropa interior.
El detenido reconoció haber tomado los reptiles de la naturaleza sin autorización para su comercialización. Actualmente existe un mercado negro de pequeños reptiles en Europa y los que el alemán quería sacar de Nueva Zelanda tienen un valor de unos 30 000 euros.

Etapa 6
Agenda.com

Fichas y transparencias

¿Quiénes somos?

Pregunta a tus compañeros la siguiente información y toma nota de sus respuestas. Utiliza para ello la parte inferior de la ficha.

1. **Datos personales (nombre, nacionalidad, profesión, edad…).**

2. **Estudiar español (tiempo, razones, lugares…).**

3. **Intereses (gustos, tiempo libre, aficiones…).**

4. **Viajes.**

Nombre	
Más datos personales	
Experiencia con el español	
Intereses	
Viajes	

Premios de cine

1.

El Oscar es el premio del festival de cine de la ciudad que tiene su nombre escrito en letras blancas en una montaña.

2.

La Concha es el premio que se da en el festival de una ciudad que está en el norte de España.

3.

El Oso es el premio que se da en el festival de la ciudad famosa por su división en dos partes hasta 1989.

4.

La Palma es el premio que se da en la ciudad que se habla francés.

5.

El León es el premio que se da en la ciudad en la que el medio de transporte más popular es la góndola.

6.

El Coral es el premio que se da en la ciudad que tiene un paseo muy famoso que se llama El Malecón.

Medios de comunicación

16 **TESLEPECDOTAR**	9 **ONYETE**
8 **LUTOCOR**	2 **LOCTER**
7 **ETIDARIOL**	12 **RETRASGIRSE**
17 **ANUCINO**	14 **MODAN A DICASTINA**
15 **AZEPRA**	5 **TUTALIR**
10 **EMOSIRA**	6 **SUSÓNCRIPCI**
3 **SEMENPLUTO**	13 **CANEDA**
11 **USAURIO**	4 **PATODRA**
1 **PSRNEA**	18 **SREAENTDORP**

UNIDAD I - Ficha 4

Medios de comunicación en España

a. De ellas, solamente RNE es pública, mientras que el resto son privadas. Otras emisoras públicas son las autonómicas, que dependen de los gobiernos autonómicos, y las municipales, que dependen de los ayuntamientos.

b. Actualmente, un tercio de los hogares españoles dispone de conexión a Internet, aunque su acceso sigue siendo uno de los más caros y lentos de la Unión Europea.

c. La Televisión Española (TVE) comenzó el 28 de octubre de 1956 con un único canal

d. Actualmente, en España las cadenas radiofónicas con más número de oyentes son: la SER (Sociedad Española de Radiodifusión), Onda Cero, RNE (Radio Nacional de España) y la COPE (Cadena de Ondas Populares Españolas).

e. España se conectó por primera vez a Internet en 1985.

f. y hasta diez años después, el 15 de noviembre de 1966, no apareció un segundo: TVE-2.

g. La prensa española tal y como la conocemos hoy empezó en 1881 con un periódico catalán: *La Vanguardia*, que todavía existe. El segundo periódico que apareció, esta vez de ámbito nacional, fue el *ABC* en 1903.

h. Con la aparición de la plataforma digital *Vía Digital* y más tarde el *Canal 24 Horas*, la televisión española cuenta con muchos canales temáticos: cine, noticias, deportes, etc.

i. Después de la transición democrática aparecieron nuevos periódicos como *El País* (1976) y *El Mundo* o *La Razón* (1998).

j. Los cibercafés, tan populares en la actualidad, no llegaron hasta unos años más tarde, en 1994, época en la que muy pocos ciudadanos sabían qué era la red.

k. La primera emisión de un programa de radio en España fue en 1924.

l. La prensa ha entrado últimamente en decadencia a causa, en primer lugar, de la generalización de Internet y de la prensa electrónica y, en segundo lugar, del aumento de la prensa gratuita (*20 minutos, ADN, Metro, Qué!*) que se reparte en la calle.

m. Tras la Ley de Televisión Privada se crearon las cadenas privadas *Telecinco, Antena 3, Canal +* y las autonómicas, en 1990. A mediados de la primera década del siglo XXI nacieron otras dos cadenas privadas llamadas *Cuatro* y *La Sexta*.

n. Como consecuencia de la pérdida de lectores, los periódicos ofrecen promociones diarias como libros, discos, DVD, etc., con la compra del periódico.

ñ. En el consejo de ministros del 29 de julio de 2005 se aprobó la fecha (3 de abril de 2010) a partir de la cual todas las emisiones de televisión terrestres debían ser digitales.

Descripción de situaciones

 A tenía una boca demasiado bonita para interpretar su personaje en *El cabo del miedo* y

 B porque la dulzura y la elegancia de su personaje estaba inspirado en la famosa actriz.

 C **mientras** David Niven presentaba el espectáculo,

 D que tenían en sus maletas.

 E como estaban enfadados,

 F que no era potable.

 G donde los dos actores peleaban,

 H que llevaba el símbolo de la paz,

El pretérito pluscuamperfecto

1. **Humphrey Bogart** empezar **a trabajar como actor**	A. **Rodar** más de 20 películas en España
2. **Antonio Banderas** llegar **a Hollywood**	B. **15 años antes trabajar juntos en la película española** *Jamón, jamón*
3. **En 1997 Penélope Cruz** trabajar **por primera vez con Almodóvar y** ponerse **muy contenta**	C. **Lauren Bacall nacer**
4. **Javier Bardem** rodar *Vicky Cristina Barcelona* **con Penélope Cruz**	D. **Clint Eastwood** elegir **a Hilary Swank para protagonizar** *Million Dollar Baby*
5. **Charlize Theron** protagonizar **la película** *Monster* **con una interpretación excelente y cambio de aspecto físico**	E. **Ganar** muchos premios (Oscar, Globo de oro...)
6. **Hilary Swank** pensar **en retirarse por la falta de ofertas de trabajo**	F. **Soñar** siempre con trabajar con este director

Foro de curiosidades

FORO: CURIOSIDADES DEL CINE

CURIOSIDAD 1:

CURIOSIDAD 2:

CURIOSIDAD 3:

CURIOSIDAD 4:

CURIOSIDAD 5:

¿Qué hay en el cine?

LAS FILAS

EL DÍA DEL ESPECTADOR

LA ENTRADA

LA BUTACA

LAS PALOMITAS

LA TAQUILLA

LA PANTALLA

Géneros de películas

DE SUSPENSE	**UN DRAMA/ DRAMÁTICA**
DE CIENCIA FICCIÓN	**UNA COMEDIA/ CÓMICA**
DE AVENTURAS	**UN MUSICAL**
DE ANIMACIÓN	**UN DOCUMENTAL**
DE TERROR	**POLICIACA**
DEL OESTE	

CARTELERA

ÁGORA
★ ★ ★ ★
Aventuras
Director: Alejandro Amenábar.
Intérpretes: Rachel Weisz, Max Minghella y Oscar Isaac.

Siglo IV. Egipto está bajo el Imperio Romano. En la biblioteca de Alejandría la astrónoma Hipatia lucha por el Mundo Antiguo con la ayuda de dos discípulos enamorados de ella. Uno es un esclavo que podría conseguir la libertad uniéndose a los cristianos, pero es una decisión difícil por su amor a Hipatia.
Cine Cité. 17.00, 19.30, 22.15.

AFTER
★ ★
Drama
Director: Alberto Rodríguez.
Intérpretes: Guillermo Toledo, Tristán Ulloa y Blanca Romero.

Manuel, Ana y Julio están cerca de los cuarenta años y son amigos desde la adolescencia. Supuestamente tienen todo lo necesario para ser felices, pero se sienten solos e insatisfechos. Una noche de verano se encuentran y vuelven a vivir su adolescencia (sexo, drogas, alcohol…) para olvidarse de la realidad. AFTER es el último bar abierto.
Palacio de la Prensa. 16.30, 19.30, 22.15.

SI LA COSA FUNCIONA
★ ★ ★
Comedia
Director: Woody Allen.
Intérpretes: Larry David y Evan Rachel Wood.

Boris es un antiguo profesor de universidad con una gran carrera, pero la vida personal no le va bien. Un día conoce a una joven llamada Melody y se casan. Todo va bien hasta que llega la madre de ella.
Victoria. 16.00, 18.00, 20.00.

LA HUÉRFANA
★ ★ ★
Terror
Director: Jaume Collet-Serra.
Intérpretes: Vera Farmiga, Peter Sarsgaard e Isabelle Fuhrman.

Kate y John Coleman pierden al bebé que esperan y su matrimonio empieza a ir mal. Entonces, deciden adoptar a Esther, una niña con cara de ángel que vive en un orfanato. Cuando llegan a casa empiezan a pasar cosas extrañas y Kate descubre que Esther esconde un terrible secreto.
Yelmo. 17.50, 20.15, 22.35.

MAMMA MÍA!
★ ★
Musical
Director: Phyllida Lloyd.
Intérpretes: Meryl Streep, Pierce Brosnan y Amanda Seyfried.

Donna es una madre soltera propietaria de un pequeño hotel en una isla griega. Sophie, su hija, va a casarse y ha invitado a tres hombres que visitaron la isla hace años, uno de los cuales puede ser su padre. Por otra parte, Donna ha invitado a sus dos mejores amigas. El amor está en el aire.
Callao. 16.40, 19.35, 22.15.

MR. NOBODY
★ ★
Ciencia ficción
Director: Jaco van Dormael.
Intérpretes: Jared Leto, Diane Kruger, Sarah Polley.

Nemo Nobody tiene una vida normal con su mujer y sus 3 hijos. Un día se despierta como un anciano en el año 2092. Con 120 años, Mr. Nobody es el hombre más viejo de la Tierra, pero esto no parece interesarle demasiado. Intenta recordar si vivió una vida correcta.
Princesa. 16.15, 19.15, 22.00.

REC 2
★ ★ ★
Suspense
Director: Jaume Balagueró y Paco Plaza.
Intérpretes: Manuela Velasco y Leticia Dolera.

La reportera está en el edificio que ha sido aislado por estar infectado con un virus. Han pasado 15 minutos desde las últimas imágenes grabadas para el programa *Mientras usted duerme* en el interior. En la calle hay mucha gente y los equipos de televisión quieren saber qué está pasando dentro.
Palacio de Hielo. 16.00, 17.45.

MICHAEL JACKSON'S THIS IS IT
★ ★ ★
Documental
Director: Kenny Ortega.

Poco antes de su muerte, Michael Jackson prepara su vuelta a los escenarios. Ensaya con sus bailarines sus próximos conciertos en Londres.
Príncipe Pío. 16.10, 18.15, 20.30, 22.45.

UP
★ ★ ★
Animación
Director: Pete Docter y Bob Peterson.

Carl es un vendedor de globos de 78 años que vive solo después de la muerte de su mujer. La construcción de la ciudad crece alrededor de su casa y con la ayuda de miles de globos sale volando en ella hacia América del Sur para cumplir el sueño de su mujer. En este viaje no va solo, un niño explorador lo acompaña.
Ábaco. V, S y D, 12.30, 15.45, 18.10.

El juego de las películas

 DRÁCULA

 INDIANA JONES

 PRETTY WOMAN

 EL PADRINO

 LA GUERRA DE LAS GALAXIAS (STAR WARS)

 E.T.

 PSICOSIS

 EL REY LEÓN

 FORREST GUMP

 AVATAR

¡Qué coincidencia!

▶ **Usted salvó a mi hijo y quiero recompensarlo.** (a)

▷ **No, yo no puedo aceptar una recompensa por lo que hice.** (j)

En ese momento el hijo del agricultor salió a la puerta de la casa de la familia. (k)

▶ **¿Es ese su hijo?** (b)

▷ **Sí.** (e)

▶ **Mire, si usted quiere, me llevo a su hijo y le ofrezco una buena educación.** (i)

El agricultor aceptó. (f)

Muchos años después, el hijo del noble inglés enfermó, ¿y sabéis qué lo salvó? (c)

¡La penicilina! (h)

¿Sabéis quién era el noble inglés? Randolph Churchill. ¿Y su hijo? (d)

Sir Winston Churchill. (g)

UNIDAD 3 - Ficha 13

La maldición de la 311

1. Este es el título de la noticia que vas a leer. Completa el principio de la historia con los verbos en el pasado adecuado (pretérito indefinido, imperfecto y pluscuamperfecto) y continúala. Inventa con tu compañero una explicación al misterio.

La maldición de la habitación 311 en un hospital municipal

Durante meses .... (creerse) en la maldición de la 311 en un hospital municipal de África del Sur. Cada viernes por la mañana, las enfermeras, cuando .... (entrar) en la habitación para hacer la inspección matinal, ... (descubrir) que el paciente .... (morir). Es cierto que al tratarse de una habitación de cuidados intensivos, los enfermos que la .... (ocupar) eran personas con una salud muy delicada, y que .... (pasar) durante mucho tiempo por tratamientos muy graves, pero no .... (estar) en peligro de muerte.

Poned en común todas las historias que habéis inventado: ¿cuál os convence más?

2. Las siguientes palabras pertenecen a la historia real. Léelas, pregunta a tus compañeros o profesor si no conoces el significado de alguna y entre todos, tratad de reconstruir el misterio.

> contaminación bacteriológica · escondite · respirador artificial
> aspirador · disiparse · enchufar

3. Aquí tienes el final del misterio: complétalo con los verbos en el pasado adecuado. ¿Es lo que habíais imaginado?

El equipo médico, perplejo, ... (pensar) en una contaminación bacteriológica del aire de la habitación. Las familias de las víctimas .... (empezar) a quejarse y las autoridades .... (pedir)

una investigación. La dirección del hospital, junto con la policía, ... (organizar) un escondite: todas las noches un miembro de la investigación policial .... (vigilar) la habitación. Y el misterio .... (disiparse): cada viernes por la mañana, hacia las 6 de la mañana, la mujer de la limpieza .... (desconectar) el respirador artificial del paciente para enchufar su aspirador.

UNIDAD 3 - Ficha 14 A

Saber estar

Pareja A

1. Recursos para negociar qué llevar a la cena.
   a. ....
   b. ....

2. Recursos para elogiar (a la gente, la comida...).
   a. ....
   b. ....
   c. ....

Pareja B

3. Recursos para ofrecer más comida, café, bebida, etc.
   a. ....
   b. ....

4. Recursos para animar a seguir comiendo.
   a. ....
   b. ....

Pareja C

5. Recursos para decir que es suficiente comida.
   a. ....
   b. ....

6. Recursos para pedir más comida o bebida.
   a. ....
   b. ....

Pareja D

7. Recursos para ofrecerse a ayudar.
   a. ....
   b. ....

8. Recursos para despedirse y dar un motivo.
   a. ....
   b. ....

Pareja E

9. Recursos para insistir en que alguien se quede.
   a. ....

10. Recursos para proponer otra cena o comida.
   a. ....

Saber estar

Conversación 1

Amiga: ¿Quién quiere más ensalada? Venga, que hay que terminarla.

Amigo: Está muy buena, pero yo no puedo más, estoy lleno de verdad.

Amiga: Venga, Luis, termínala tú, toma, que queda poco.

Amigo: Bueno, pero toda no…, échame poco.

Conversación 2

(Llaman a la puerta y abren)

Amiga 1: Hola, ¡qué guapa estás! ¿Te has hecho algo en el pelo?

Amiga 2: No, nada especial, la verdad es que me lo tengo que cortar.

Conversación 3

Amigo: Oye, ¡qué bueno está esto! ¿Cómo lo has hecho?

Amiga: Pues nada, he cogido la receta de Simone Ortega. Es muy fácil, pones…

Conversación 4

(Por teléfono)

Amiga: Luis, oye, te llamo para recordarte que el viernes hay cena en mi casa.

Amigo: Sí, sí, me acuerdo. Oye, ¿y qué llevo?

Amiga: Pues… comida hay suficiente, así que, si quieres, trae cerveza.

Conversación 5

Amigo: ¿Hay más cerveza?

Amiga: Sí, en el frigorífico.

Amigo: Vale, voy a por ella.

Conversación 6

Amiga: Yo ya me voy, que estoy muy cansada.

Amigo: Venga, quédate un poco más, total, es un día. Mañana no madrugas.

Amiga: No, de verdad, que mañana no quiero levantarme muy tarde. Tengo que hacer muchas cosas.

Amigo: Como quieras.

Amiga: Muchas gracias por la cena, la próxima en mi casa, ¿vale?

Amigo: Venga, a ver si es verdad y nos vemos otro día. Descansa.

Conversación 7

Amigo: Mm… ¡Qué rico el queso! ¿De dónde es?

Amiga: Lo he comprado en una tienda nueva que hay al lado de mi trabajo. Es de cabra.

Amigo: El otro día me trajeron uno de Cabrales, que estaba para morirse.

Conversación 8

Amigo 1: ¿Quién quiere café?

Amigo 2: Yo, espera, que te ayudo.

Amiga: Yo también, vamos a recoger esto.

Conversación 9

(Por teléfono)

Amigo: El viernes hemos quedado en tu casa, ¿verdad?

Amiga: Sí, sí, a partir de las 21.00.

Amigo: Vale, yo llevo algo de postre.

Amiga: Como quieras.

Conversación 10

Amigo 1: Pásame el pollo, anda, que quiero un poquito más.

Amigo 2: Toma, te ha gustado, ¿eh?

Amigo 1: Sí, está buenísimo.

Un juego para la sobremesa

Durante la cena,
En España, en mi país...

¿Es normal insistir para que alguien coma más?
En España, en mi país...

¿Es normal hablar de recetas de cocina durante una cena?
En España, en mi país...

¿Es de mala educación no repetir plato cuando te están invitando?
En España, en mi país...

¿Qué es normal llevar a una comida o cena?
En España, en mi país...

¿Cómo se agradece una invitación a una cena?
En España, en mi país...

Cita recursos para elogiar a los amigos.

Cita recursos para despedirse después de una cena.

Cita recursos para elogiar la comida.

¿Es normal ofrecerse a ayudar a los anfitriones a recoger la mesa y los platos?
En España, en mi país...

Cita recursos para ofrecer más comida.

¿Es normal devolver la invitación a la comida o cena con otra invitación en tu casa?
En España, en mi país...

Trucos de cocina

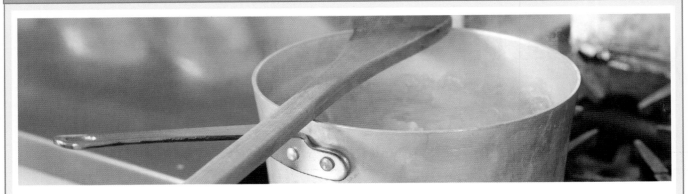

Perfiles.com

 1. Hola, Pedro. De momento no **los** comas. Antes, méte**los** en un recipiente con agua y sal y si no flotan es que están bien.

 2. María, esta pregunta me la hace mucha gente. No te preocupes, tiene una solución muy fácil. Lávate**las** con mucha agua y no te **las** frotes.

 3. Sí, Daniel, este truco me lo enseñó mi abuela, que siempre me decía: "Para quitarles la piel con facilidad, no **los** peles sin meterlos antes en agua caliente durante unos minutos". Ahora también puedes calentarlos en el microondas.

 4. Espe, todo el mundo tiene problemas cuando hace la mayonesa, es normal. No pongas huevos, usa leche y la mitad de aceite que echas cuando **la** haces con huevo. Prueba y escríbeme.

 5. Sí, claro que sí, Rocío. Añade un poco de sal en el agua donde **los** vas a cocer. Ya verás, es muy fácil pelarlos.

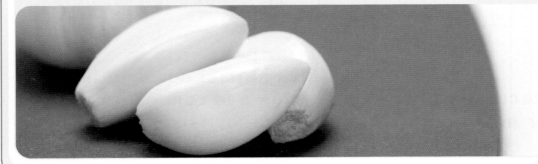

Más trucos

Perfiles.com

a. no ....(meter) el dedo, ...(poner) un trozo de pan en la sartén. Si sube a la superficie está preparado.

b. no ....(decir) nada a nadie y ....(mezclar) un poco de vinagre con agua y azúcar. Te quedará perfecto.

c. no ....(tirarlo), ...(introducir) unos trozos de manzana en la botella durante unos días.

d. ....(coger) dos melones del mismo tamaño y ....(elegir) el que tenga más peso. No ....(dudarlo).

e. ....(meterlas) antes en el microondas, ¡pero no ....(dejarlas) más de un minuto! La cantidad de zumo será mayor.

f. ....(limpiar) la sartén con papel después de hacer cada tortilla y así no se pegará.

g. ....(ponerse) un poco de café molido en las manos.

h. ....(ponerla) en agua con un poquito de vinagre durante unos minutos.

La tesis de Nancy

 1. Agenda.com nos propone la lectura de dos secuencias de un libro español. ¿Quieres saber por qué? Para contestar a esta pregunta lee la información que Agenda.com nos da sobre la novela y completa la ficha técnica.

Ficha de biblioteca

Título del libro: *La tesis de* ....(1).
Autor del libro: ....(2).
Año de publicación del libro: ....(3).
Tema del libro: El libro cuenta las ....(4) de una estudiante norteamericana, Nancy, en su viaje por España.

Nancy es una estudiante norteamericana que prepara su tesis doctoral en una localidad sevillana. El libro está compuesto por las cartas que esta escribe a su prima Betsy contándole sus impresiones sobre España: anécdotas, costumbres que le sorprenden, malentendidos con la lengua, etc.

Estamos en 1969 y *La tesis de Nancy* es una crítica de Ramón J. Sender a la España de su tiempo a través de los ojos de una sorprendida estudiante norteamericana.

2. ¿Imaginas ya por qué Agenda.com nos propone su lectura? Coméntalo con la clase.

 3. En *La tesis de Nancy* aparecen muchos estereotipos sobre los españoles. Lee los dos fragmentos y marca en la siguiente lista los tópicos que se reflejan en ellos.

☐ 1. Horarios de las comidas.
☐ 2. Machismo de los hombres españoles.
☐ 3. Los toros.
☐ 4. Carácter pasional de los españoles.

☐ 5. Afición de los españoles a las fiestas.
☐ 6. Exageración del tiempo que dura una comida y de la cantidad que se come.
☐ 7. Monumentos y edificios típicos.

Historia I

Por fin salió el toro. Había en el ruedo más de quince personas, todas contra un toro indefenso. Y el animal no atacaba nunca a las personas —era demasiado humanitario y bondadoso—, sino solamente a las telas que tenía delante. Con toros que no atacan más que a la tela, cualquiera puede ser torero, ¿verdad? Pero yo no lo sería a ningún precio, aunque se dice que hay mujeres toreras. Los americanos que estaban conmigo reaccionaron igual que yo.

Historia 2

El marqués nos invitó a cenar… Comimos igual que en los palacios de *Las mil y una noches*. Cinco *courses*. Ya digo que tenía hambre… Figúrate: diez horas habían pasado desde el *lunch*.
El marqués me preguntaba qué era lo que me había gustado más en Sevilla.
Le dije: "La catedral y la Giralda".

Diario de clase

Repasa las unidades del libro que has visto hasta ahora y completa con tus compañeros.

Unidad 1

He aprendido...	Ejemplos	Me gustaría repasar...

Unidad 2

He aprendido...	Ejemplos	Me gustaría repasar...

Unidad 3

He aprendido...	Ejemplos	Me gustaría repasar...

Fotos de la Tierra

Problemas de la Tierra

DESHIELO	**DESERTIZACIÓN**
SEQUÍA	**ANIMALES EN PELIGRO DE EXTINCIÓN**
DEFORESTACIÓN	**INCENDIO**
INUNDACIÓN	**GASES DE EFECTO INVERNADERO**

Futuro irregular

Alumno A	
Infinitivo	**Futuro**
EMPIEZA	haré
tener	saldremos
saber	FIN
decir	habrá
poner	podré
venir	querréis

Alumno B	
Infinitivo	**Futuro**
hacer	pondrán
querer	diré
haber	sabremos
salir	vendréis
poder	tendrás

UNIDAD 4 - Ficha 23

Adivinanza

Mira el cuadro que está debajo. Tienes que descubrir en qué sala tendrá lugar la mesa redonda sobre medioambiente. Para saberlo, debes seguir un itinerario teniendo en cuenta las siguientes instrucciones.

1. El principio del camino está indicado con la palabra "SALIDA" y una flecha. Para llegar a la sala correcta hay que moverse por verbos irregulares solamente y de uno en uno: tienen que estar uno al lado del otro.

2. Puedes moverte en vertical (|), en horizontal (—) o en diagonal (\ ),

3. Recuerda que solo se puede pasar a otro cuadro si el verbo que está al lado es irregular.

4. Para hacer el camino hay que pasar por nueve cuadros con nueve verbos irregulares.

1. SALIDA	**2.** Iremos	**3.** Pondrás	**4.** Tendrán	**5.** Producirá	SALA 1
6. Podré	**7.** Será	**8.** Harás	**9.** Llegarás	**10.** Querrán	SALA 2
11. Vendrán	**12.** Viviré	**13.** Sabremos	**14.** Incendiará	**15.** Lloverá	SALA 3
16. Saldremos	**17.** Habrá	**18.** Cambiarán	**19.** Moriré	**20.** Diremos	SALA 4

Soluciones

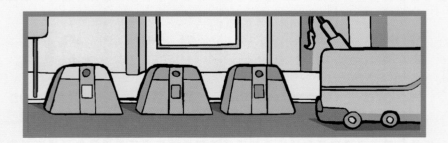

Técnicas adivinatorias

ALUMNO A Grafomancia

La grafomancia estudia la escritura de una persona. Presta atención al color de la tinta, la presión, el tamaño, el orden, la inclinación, las formas, los fragmentos de las letras, la firma, etc., para descubrir datos del pasado y del presente del individuo, lo que facilita anticipar el futuro probable a corto, medio y largo plazo...

ALUMNO B Numerología

La numerología es una técnica que se basa en la influencia de los números en la vida de una persona. El número de cada individuo es el resultado de la suma de los dígitos de su fecha de nacimiento y, a su vez, la suma de los dígitos de este producto. Este resultado final será un nuevo número, comprendido del 1 al 9, que es el determinante del carácter y de la personalidad. Por ejemplo, si usted nació el 20/10/1940, sume 2+0+1+0+1+9+4+0 = 17; y 1+7 = 8. Entonces su número de destino será el 8. Cada número tiene un significado.

ALUMNO C Cristalomancia

La cristalomancia es el antiguo arte de recibir visiones del pasado, del presente o del futuro a través de la observación de una esfera de cristal de cuarzo genuino. Esta técnica se originó probablemente en el Oriente y fue introducida en Europa por los romanos.

ALUMNO D Quiromancia

La quiromancia consiste en la valoración de la personalidad o la predicción del futuro de una persona mediante la lectura de su mano y de las líneas y los relieves de la misma. Algunos profesionales también prestan atención a las características de los dedos, las huellas, la forma, el color y la textura de la mano. Se suele empezar la lectura con la mano que más se utiliza y en algunas escuelas de quiromancia se cree que la otra mano contiene datos sobre el karma, vidas anteriores o rasgos hereditarios.

ALUMNO E Cartomancia

La cartomancia es la adivinación de hechos presentes, pasados o futuros a través de la lectura de cartas. Se basa en la selección de cartas de una baraja especial por parte de un "experto", quien las interpreta y les da el sentido. El tarot es la baraja de naipes más usada para este fin.

Diccionarios monolingües

Utilizar un diccionario monolingüe

Para **encontrar una palabra** en un diccionario, debes buscar:
- ■ verbos en infinitivo.
- ■ sustantivos en singular.

Debes **elegir el significado** que necesitas:
si una palabra tiene varios significados, estos vienen numerados (1, 2, etc.). Léelos y elige solo el que necesitas para el contexto en el que está la palabra que buscas.

Normalmente el diccionario te da información sobre el tipo de palabra (verbo, adjetivo, sustantivo, adverbio, preposiciones). Saber la categoría de la palabra puede ayudarte a elegir el significado que necesitas.
Las abreviaturas que, frecuentemente, los diccionarios utilizan, significan:
- ■ Comer: (**v.:** verbo).
- ■ Guapo-a: (**adj.:** adjetivo).
- ■ Casa: (**sust.:** sustantivo).
- ■ Bien: (**adv.:** adverbio).
- ■ Por: (**prep.:** preposición).

El diccionario también puede ayudarte a **pronunciar** y **utilizar correctamente** la palabra.
Puede que la palabra esté dividida en **sílabas** y que tenga la **transcripción fonética** entre paréntesis o corchetes, así sabrás cómo pronunciarla: *Ca.sa:* /Kasa/

Si la palabra es un **adjetivo**, normalmente aparece el cambio a masculino y femenino (guapo-a), excepto cuando la palabra no tiene cambio de género, es decir, que se usa igual para masculino y femenino (*azul*).

Si la palabra es un sustantivo, el diccionario señalará también su género.

Las abreviaturas que puedes encontrar son:
- ■ Azul: (**inv.**) **Invariable:** significa que el adjetivo se usa igual para masculino y femenino.
- ■ Empezar: (**irreg.**) **Irregular:** significa que el verbo tiene alguna irregularidad en algún tiempo verbal.
- ■ Casa: (**f.**) **Femenino:** significa que la palabra es de género femenino.
- ■ Árbol: (**m.**) **Masculino:** significa que la palabra es de género masculino.
- ■ Rata (**coloq.** Persona tacaña) **Coloquialmente:** significa que ese significado de la palabra se da en un uso coloquial.

¿Es inexorable el futuro?

1. Recuerda las instrucciones para buscar palabras en los diccionarios monolingües: ¿cómo tienes que buscar en el diccionario las siguientes palabras? Búscalas y después escribe al lado la palabra en tu lengua.

1. caparazones (sust.): ....
2. rajas (sust.): ....
3. oráculos (sust.): ....
4. campanas (sust.): ....
5. corrobora (v.): ....

2. Lee el artículo y busca en el texto las palabras que corresponden a las siguientes definiciones.

1. .... (sust.) animal marino o terrestre de movimientos lentos que tiene el cuerpo cubierto por un caparazón.
2. .... (adj.): dicho de un sistema o de un mecanismo: técnicamente complejo o avanzado.
3. .... (adj.): raro, extraño, excesivamente peculiar u original.
4. .... (adj.): que no se puede evitar.

El hombre, desde la antigüedad, ha querido siempre adivinar, ver, interpretar de alguna manera cuál era el futuro que le esperaba y por eso siempre elaboró alguna técnica. Por ejemplo, en la época Shang de los chinos, hacia el 1700 a.C., echaban caparazones de tortuga al fuego e interpretaban las diferentes rajas que se hacían. En Grecia y en Roma son conocidas las visitas a los oráculos para conocer el destino.

En el mundo actual utilizamos multitud de métodos y técnicas heredadas, la mayoría de ellas, de la Antigüedad, como el tarot, el I ching, la quiromancia, la bola de cristal o la propia astrología. Pero también las hay muy sofisticadas y extravagantes como la *tiromancia*, que es la adivinación mediante la coagulación del queso, o la *codonomancia*, adivinación a través de las campanas. Los nombres de muchas de estas técnicas terminan en "mancia", que es un sufijo derivado de la palabra griega *mantis*, que significa 'adivino' o 'profeta'.

De todo lo dicho hasta ahora deducimos que la Historia corrobora la existencia de la adivinación. Entonces, si existe la adivinación, ¿es que el futuro ya está escrito y es inexorable?

Poder de adivinación

Usted es una persona muy inteli-gente, así es que...

Algunas veces es tímido/a, pero en otras ocasiones se comporta de forma muy atrevida...

Usted tiene capacidades ocultas que no ha aprovechado, pero que le ayu-darán mucho en el futuro, por ejem-plo...

¿Está seguro de que...? Veo en su cara que en realidad...

Hasta ahora usted ha estado... pero a partir...

Para contestar a su pregunta, nece-sito saber más cosas. Dígame...

Claro que sí...

Lamentablemente, esto será un poco difícil, a no ser que...

El bingo de Actualidad.com

Es la primera página de un periódico.	Cada una de las partes en las que se divide un periódico.
Persona que utiliza Internet.	Persona que habla en la radio.
Introducir los datos personales en una página de Internet.	Objeto que se usa para encender la televisión, subir o bajar el volumen, cambiar los canales.
Persona que lee el periódico.	Artículo donde se refleja la opinión de un periódico.
Cambiar los canales de televisión.	Idea principal de la noticia que se escribe al principio y con letras más grandes.
Espacio dedicado a la publicidad que sale en un medio de comunicación.	Persona que escucha la radio.
Persona que ve la televisión.	Revista que acompaña al periódico una vez a la semana, normalmente el domingo.

¡Qué noticias!

Europa disminuye los derechos humanos en nombre de la lucha contra el terror, según un informe de Amnistía Internacional.

Primer ensayo experimental de una vacuna contra la cocaína.

Las fuertes lluvias en España inundan varias ciudades.

La obra de W. Shakespeare sobre uno de los personajes de *El Quijote* de Miguel de Cervantes es una realidad.

El dopaje está matando el deporte.

Un brasileño aparece vivo en su entierro.

¡Qué noticias!

INTERNACIONAL

CIENCIA

CULTURA

NACIONAL

DEPORTES

SUCESOS

Periodistas

Alumno A

1. Lee la información sobre la fotógrafa Lena de Miguel y completa los espacios con las perífrasis de los verbos *soler, volver a, dejar de, ponerse a, estar a punto de* y *seguir*. **Recuerda cambiar el verbo a pretérito indefinido o imperfecto y elegir entre infinitivo o gerundio.**

Lena de Miguel nació en Segovia en 1942. Su familia no tenía mucho dinero, así que con solo 16 años (1) (trabajar) .... con un fotógrafo de su ciudad. En su estudio empezó a sentir pasión por la fotografía. Los fines de semana (2) (pasear) .... por la ciudad y hacía fotos de la gente en situaciones normales o especiales. En 1965 hizo unas fotos de la boda de la Duquesa de Encinas y las vendió a un periódico local. Así empezó su carrera como periodista y se trasladó a Madrid. En 1973 tuvo un hijo y (3) (trabajar) ...., pero su retiro fue temporal. Cinco años después (4) (colgarse) .... la cámara y (5) (fotografiar) .... la vida de los madrileños. En 1998 (6) (ganar) .... el premio de Fotografía Urbana con la imagen de unos jóvenes que habían sufrido un accidente de tráfico. Sin embargo, los expertos de *Actualidad.com* decidieron dar el premio a un fotógrafo sin experiencia recién salido de la universidad. Con 60 años volvió a Segovia y (7) (hacer) .... fotografías para dedicarse a la literatura.

2. Compara con tu compañero la información de los dos periodistas y pensad qué tienen en común.

Alumno B

1. Lee la información sobre el periodista Óscar Pérez y completa los espacios con las perífrasis de los verbos *soler, volver a, dejar de, ponerse a, estar a punto de* y *seguir*. **Recuerda cambiar el verbo a pretérito indefinido o imperfecto y elegir entre infinitivo o gerundio.**

Óscar Pérez es un joven periodista que nació en Madrid en 1973. Desde pequeño siente un gran amor por la fotografía. Con 10 años, todos los domingos (1) (acompañar) .... a su madre por las calles para hacer fotografías. En 1991 entró en la Universidad de Madrid y (2) (estudiar) .... Ciencias de la Información. Cuando (3) (terminar) .... la carrera, tuvo un accidente de coche y (4) (estudiar) .... durante unos meses. Al cabo de un año (5) (coger) .... los libros y terminó sus estudios. Muy pronto empezó a colaborar con el periódico digital Actualidad.com como redactor. Sin embargo, a él le (6) (gustar) .... la fotografía y a veces hacía pequeñas exposiciones. En 1998 ganó un premio fotográfico y fue una gran sorpresa para él. Sintió alegría, pero también pena, porque deseaba otro ganador para el premio: la persona de la que más había aprendido y a la que más quería. En aquel momento ya era famoso, pero desde la recepción de ese premio su fama (7) (crecer) .... hasta convertirse en el fotógrafo mejor pagado del país.

2. Compara con tu compañero la información de los dos periodistas y pensad qué tienen en común.

Noticias ¿reales?

¿Información o sensacionalismo?

¿Dónde está la frontera entre el derecho a la información y el daño al honor de las personas? Todos conocemos ejemplos en los que una noticia ha traído problemas a sus protagonistas o a los periodistas que la escribieron.

En 2005 un ladrón muy violento entró en un chalé de Madrid y maltrató a la familia que vivía allí. Los periodistas informaron del hecho, pero la familia puso varias demandas por haber hablado de sus hijas menores de edad. Un juez dio la razón a la familia. ¿Es justo? Los periodistas hicieron su trabajo e informaron de unos hechos que eran verdad.

En 2007 una niña británica desapareció en el sur de Portugal. La policía sospechó de sus padres y la prensa prácticamente los condenó. Nadie pudo demostrar una mala actuación de esos padres, pero todo el mundo los miró con otros ojos después de las noticias que dieron periódicos y televisiones.

A finales de 2009 un joven español fue acusado de maltratar a la hija de su novia. Todos los periódicos y televisiones publicaron su foto junto a la palabra "maltratador". Rápidamente todo el mundo asoció su imagen al maltrato. Después de varios días, se demostró que el chico era inocente: ¿quién y cómo puede pagarle el infierno que pasó?

Antes de dar una noticia, ¿los periodistas deben garantizar que es verdad y que no va a dañar el honor de nadie?

¿Debe haber un límite en la cantidad de información que se proporciona a los ciudadanos?

¿Quién decide lo que debe publicarse y lo que no?

¿Dónde están los límites entre el derecho a la información y el sensacionalismo?

Agenda.com

AGENDA.COM

http://www.agenda.com

¿QUÉ ES AGENDA.COM?

¿QUIÉNES SOMOS?

Revista digital

Cartelera.com	Alertas.com	Perfiles.com	Actualidad.com
Espacio dedicado al cine.	Espacio dedicado a problemas relacionados con la Tierra, el medioambiente, los estilos de vida...	Espacio dedicado a los usuarios: historias, experiencias, comportamientos culturales y sociales...	Espacio dedicado a los medios de comunicación y a las noticias más relevantes de la actualidad.
Descargar unidad de muestra.	Descargar unidad de muestra.	Descargar unidad de muestra.	Descargar unidad de muestra.

Curiosidades de película

A

B

AUDREY HEPBURN

PLAYS THAT DARING, DARLING
HOLLY GOLIGHTLY TO A NEW HIGH
IN ENTERTAINMENT DELIGHT!

BREAKFAST AT TIFFANY'S
DESAYUNO CON DIAMANTES

GEORGE PEPPARD · PATRICK NEAL · BUDDY EBSEN · MARTIN BALSAM AND MICKEY ROONEY
TECHNICOLOR

C

E

D

Los pájaros

Géneros de películas

 1

 2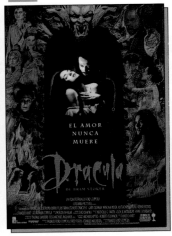

3

4

 5

6

7

8

9

10

11

© Editorial Edinumen

Edi numen

La caja Kovak

 1

LA CAJA KOVAK
★★★★
Director: Christopher Nolan.
Intérpretes: Timothy Hutton, Lucía Jiménez.
Género: comedia.
Sinopsis: unos jóvenes reciben la noticia de que una de sus antiguas profesoras ha intentado suicidarse.
Cine: Ábaco, sala 1.
Pases: 17.30, 19.15.

 2

LA CAJA KOVAK
★★★
Director: Gore Verbinski.
Intérpretes: Orlando Bloom, Paz Vega.
Género: suspense.
Sinopsis: un detective investiga en una isla la muerte de una joven escritora que ha aparecido en el mar.
Cine: Roxy, sala 2.
Pases: 18.25, 20.30.

  3

LA CAJA KOVAK
★★
Director: Alejandro Amenábar.
Intérpretes: Nicole Kidman, Timothy Dalton.
Género: drama.
Sinopsis: una mujer conoce a un guerrero africano durante sus vacaciones y se enamora. De repente, decide dejar atrás su vida y empezar otra nueva en Kenia.
Cine: Cineplex, sala 1.
Pases: 18.00, 20.15.

 4

LA CAJA KOVAK
★★★★
Director: Richard Claus.
Intérpretes: Elsa Pataky, Samuel L. Jackson.
Género: musical.
Sinopsis: un escritor que viaja a una isla para dar una conferencia. De pronto, se ve mezclado en una oscura historia inspirada en uno de sus libros.
Cine: Cinebox, sala 4.
Pases: 19.15, 20.25.

  5

LA CAJA KOVAK
★
Director: Daniel Sánchez Arévalo.
Intérpretes: Johnny Depp, Lucía Méndez.
Género: aventuras.
Sinopsis: dos niños que viven en Venecia conocen a un grupo de chicos que roba a los ricos para sobrevivir.
Cine: Renoir, sala 3 (V.O. subtitulada)
Pases: 18.45, 21.15.

 6

LA CAJA KOVAK
★★
Director: Daniel Monzón.
Intérpretes: Javier Bardem, Scarlett Johansson.
Género: ciencia ficción.
Sinopsis: una camarera viaja a una isla del Mediterráneo en busca de tranquilidad. Allí conoce a un escritor y, poco a poco, con él empieza a recordar los momentos más tristes con su anterior pareja.
Cine: Princesa, sala 4.
Pases: 16.00, 19.05.

Clásicos de cine

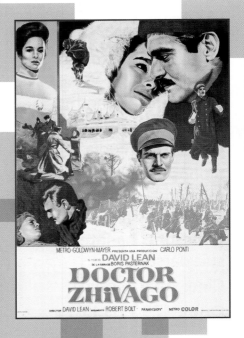

ETAPA 6. Nivel B1.1 | Material para transparencia 6 | Unidad 2 • Actividad 4.2.1.

Edi numen

© Editorial Edinumen

Saber estar

Saber estar

1. Recursos para negociar qué llevar a la cena.	a) ¿Qué llevo? b) Yo llevo algo de postre.
2. Recursos para elogiar (a la gente, la comida...)	a) ¡Qué guapa estás! b) ¡Qué bueno está esto! c) ¡Qué rico el queso!
3. Recursos para ofrecer más comida, café, bebida, etc.	a) ¿Quién quiere más ensalada? b) ¿Quién quiere café?
4. Recursos para animar a seguir comiendo.	a) Venga, que hay que terminarla. b) Venga, termínala tú.
5. Recursos para decir que es suficiente comida.	a) Yo no puedo más, estoy lleno de verdad. b) Échame poco.
6. Recursos para pedir más comida o bebida.	a) ¿Hay más cerveza? b) Pásame el pollo, anda, que quiero un poquito más.
7. Recursos para ofrecerse a ayudar.	a) Espera, que te ayudo. b) Vamos a recoger esto.
8. Recursos para despedirse y dar un motivo.	a) Yo me voy, que estoy un poco cansada. b) No, de verdad, que mañana...
9. Recursos para insistir en que alguien se quede.	a) Venga, quédate un poco más.
10. Recursos para proponer otra cena o comida.	a) La próxima en mi casa, ¿vale?

Trucos de cocina

Agenda.com

Perfiles.com

Hola, Isaac, tengo en el frigorífico unos huevos que compró mi compañero de piso, y no sé si están bien o no. ¿Sabes qué puedo hacer para comprobarlo?

Pedro

Tengo "un problema". Me encanta cocinar con ajo, pero no me gusta nada el olor de ajo en las manos. ¿Hay algún truco?

María

Isaac, a mí me gustaría saber si hay algún truco para pelar los ajos, porque yo nunca puedo hacerlo bien.

Daniel

Siempre que hago mayonesa se me estropea. Al final he decidido comprarla de bote, pero si tienes alguna sugerencia para ayudarme a hacerla casera, me encantaría saberlo.

Espe

¿¿¿¿¿ Hay alguna forma fácil de pelar los huevos?????

Rocío

Edi
numen